EXECUÇÃO DA PENA EM SEGUNDA INSTÂNCIA

FUNDAMENTOS DE SUA INCONSTITUCIONALIDADE

CARLOS VALDER DO NASCIMENTO

EXECUÇÃO DA PENA EM SEGUNDA INSTÂNCIA

FUNDAMENTOS DE SUA INCONSTITUCIONALIDADE

Belo Horizonte

2018

© 2018 Editora Fórum Ltda.

É proibida a reprodução total ou parcial desta obra, por qualquer meio eletrônico, inclusive por processos xerográficos, sem autorização expressa do Editor.

Conselho Editorial

Adilson Abreu Dallari
Alécia Paolucci Nogueira Bicalho
Alexandre Coutinho Pagliarini
André Ramos Tavares
Carlos Ayres Britto
Carlos Mário da Silva Velloso
Cármen Lúcia Antunes Rocha
Cesar Augusto Guimarães Pereira
Clovis Beznos
Cristiana Fortini
Dinorá Adelaide Musetti Grotti
Diogo de Figueiredo Moreira Neto
Egon Bockmann Moreira
Emerson Gabardo
Fabrício Motta
Fernando Rossi
Flávio Henrique Unes Pereira

Floriano de Azevedo Marques Neto
Gustavo Justino de Oliveira
Inês Virgínia Prado Soares
Jorge Ulisses Jacoby Fernandes
Juarez Freitas
Luciano Ferraz
Lúcio Delfino
Marcia Carla Pereira Ribeiro
Márcio Cammarosano
Marcos Ehrhardt Jr.
Maria Sylvia Zanella Di Pietro
Ney José de Freitas
Oswaldo Othon de Pontes Saraiva Filho
Paulo Modesto
Romeu Felipe Bacellar Filho
Sérgio Guerra
Walber de Moura Agra

Luís Cláudio Rodrigues Ferreira
Presidente e Editor

Coordenação editorial: Leonardo Eustáquio Siqueira Araújo

Av. Afonso Pena, 2770 – 15º andar – Savassi – CEP 30130-012
Belo Horizonte – Minas Gerais – Tel.: (31) 2121.4900 / 2121.4949
www.editoraforum.com.br – editoraforum@editoraforum.com.br

Elaborado por Vagner Rodolfo da Silva - CRB-8/9410

Índice para catálogo sistemático:
Direito penal 345
Direito penal 343

Dados Internacionais de Catalogação na Publicação (CIP) de acordo com ISBD

N244e Nascimento, Carlos Valder do

   Execução da Pena em Segunda Instância: fundamentos de sua Inconstitucionalidade / Carlos Valder do Nascimento. - Belo Horizonte : Fórum, 2018.
   111 p. ; 14,5cm x 21,5cm.
   ISBN: 978-85-450-0505-6

   1. Direito penal. 2. Execução da pena. 3. Segunda Instância. 4. Inconstitucionalidade. I. Título.

              CDD 345
              CDU 343

Informação bibliográfica deste livro, conforme a NBR 6023:2002 da Associação Brasileira de Normas Técnicas (ABNT):

NASCIMENTO, Carlos Valder do. *Execução da pena em segunda instância*: fundamentos de sua inconstitucionalidade. Belo Horizonte: Fórum, 2018. 111 p. ISBN 978-85-450-0505-6.

SUMÁRIO

APRESENTAÇÃO 9

INTRODUÇÃO 11

CAPÍTULO 1
ASPECTOS CONCEITUAIS ACERCA DA LEI E DO DIREITO 15
1.1   Conectividade entre a lei e o direito 15
1.2   Leis extravagantes dificultam a exegese 16
1.3   Regras, princípios e valores jurídicos fundamentais 17
1.4   Tratados e convenções internacionais 20

CAPÍTULO 2
PROTAGONISMO JUDICIAL DO PROCESSO PENAL
SEM BASE LEGAL 23
2.1   Ampliação do objeto do libelo acusatório 23
2.2   A súmula como fundamento do processo decisório 24
2.3   Desigualdade da paridade de armas: acusação *versus* defesa 25
2.4   A democracia, a soberania popular e o procedimento 28
2.5   A sentença penal condenatória e suas consequências 30
2.5.1 A questão Lula está sobrestada enquanto o STF não decidir prisão
       após segundo grau 36
2.5.2 A prisão processual de Lula não determinada no acórdão 39

CAPÍTULO 3
CONTRIBUIÇÃO AO ESTUDO DA EXECUÇÃO DA PENA EM
SEGUNDA INSTÂNCIA 43
3.1   A concepção de Leonardo Isaac Yarochewsky 43
3.2   A concepção de André Luis Callegari 44

3.3	A concepção de Luigi Ferrajoli	45
3.4	A concepção de Antônio Carlos de Almeida Castro	46
3.5	A concepção de Lenio Luiz Streck	47
3.6	A concepção de Flávio Dino	48
3.7	A concepção de Frederico Rocha Ferreira	50
3.8	A concepção de Douglas Rodrigues da Silva	51
3.9	Carta internacional dos advogados	52

CAPÍTULO 4

A LEI DA FICHA LIMPA E A INELEGIBILIDADE 55

4.1	A execução da pena em segunda instância	55
4.2	Do órgão colegiado e a inelegibilidade	58
4.2.1	A Lei da Ficha Limpa	58
4.2.2	A questão semântica do termo "colegiado"	60
4.2.3	Inelegibilidade	61
4.2.4	A situação de estrutura jurídica que envolve o caso Lula	62
4.3	Acesso dos investigados aos tribunais superiores	63
4.4	Sem provas não se pode condenar ou culpar alguém	64

CAPÍTULO 5

O PRINCÍPIO DA PRESUNÇÃO DE INOCÊNCIA 67

5.1	Presunção de inocência e *status dignitatis*	67
5.2	Presunção de culpabilidade e *in dubio pro reo*	68
5.3	Presunção de inocência e execução antecipada da pena	70
5.4	A presunção de inocência como garantidora de direitos fundamentais	73
5.5	O núcleo imodificável do texto constitucional	75

CAPÍTULO 6

O DEVIDO PROCESSO LEGAL 79

6.1	O caráter de parcialidade do julgamento	79
6.2	Cerceamento do direito de defesa	83
6.3	Somente o rito processual não garante o contraditório	83
6.4	A acusação reescreve o roteiro da obra de Franz Kafka	85
6.5	Supressão de instâncias jurídicas superiores	88
6.6	O uso da teoria do domínio do fato de Roxin pelo MP e pelo Judiciário	91

CAPÍTULO 7

CONSIDERAÇÕES FINAIS 97

7.1   Os embargos de declaração 99

7.2   Ação declaratória de nulidade absoluta da sentença (*querela nulitatis insanabis*)...100

7.3   Recursos...101

7.4   *Habeas corpus* 104

REFERÊNCIAS..107

APRESENTAÇÃO

O argumento suscitado pelo Ministério Público Federal (MPF) segundo o qual a observância do trânsito em julgado da sentença penal condenatória leva a impunidade não se sustenta. Assim, a execução da pena em segunda instância certamente não é a fórmula indicada para o equacionamento dessa problemática. Além de inócua, constitui um atentado à Constituição, que a veda, e grave lesão aos direitos e às garantias fundamentais por ela tutelados, afastando-a, portanto, do alcance do poder reformador.

Perde-se muito tempo com discussões bizantinas plasmadas no discurso repetitivo, vago, apoiadas em divagações teoréticas como, por exemplo, o exame do juízo de admissibilidade do *habeas corpus*. Não há previsão dessa hipótese quando se trata do *status libertatis*, elemento congênito e, portanto, ligado visceralmente ao cidadão ameaçado no seu direito de locomoção.

Tratando-se de uma tutela de urgência, não comporta deliberar sobre se o tribunal deve analisar ou não em primeiro plano a conveniência da possibilidade do seu mérito. Há sempre de ser aceito e processado, de imediato, o seu julgamento, devido a sua relevância e prioridade, seguido da consequente decisão. Dessa forma, não cabia, no caso Lula, a realização de um debate preliminar com vistas a determinar sua plausibilidade, mas deferir ou denegar a ordem, de acordo com o que for decidido, de maneira definitiva.

Por conseguinte, não se pode deixar de reconhecer que, atendendo a um pedido formulado pelo advogado José Roberto Batochio, o Supremo Tribunal Federal concedeu uma tutela de urgência em caráter de liminar ao paciente. Apesar disso, o Tribunal Regional Federal da 4ª Região (TRF-4), após decidir sobre os embargos de declaração, se julgados improcedentes, ainda assim ficará impossibilitado de determinar a prisão de Lula, até a conclusão do julgamento do *habeas corpus*.

Por outro lado, a Súmula nº 122 do TRF-4 constitui ato inconstitucional, sendo por isso mesmo nulo, porque não guarda simetria com o conceito jurídico de *culpado*. Viola os postulados da ampla defesa, da presunção de inocência e do trânsito em julgado. Vai de encontro ao art. 5º e seus incisos LVII e LXI e nega vigência ao art. 283, do Código de Processo Penal. Por isso são nítidas as evidências de sua inconstitucionalidade, não se prestando a fundamentar o acórdão do referido tribunal.

Infere-se que o debate da execução da pena antes do trânsito em julgado da sentença condenatória paira sobre o nada. Quanto a isso não há qualquer matéria a discernir, pois o Poder Constituinte já ditou a regra a respeito do assunto. Somente com o esgotamento das vias recursais em todas as instâncias é que poderá – conforme o decidido - ser determinada a culpabilidade do investigado. Assim, a decisão do segundo grau de jurisdição não tem o condão de alterar ou modificar esse panorama.

Ademais, cabe unicamente ao Supremo Tribunal Federal (STF) dar efetividade aos preceitos constitucionais antes referidos e no Código de Processo Penal que não permitem exegese contrária ao quanto ali se acha assentado. De fato, eles não são casuísticos, mas alcançam, em razão de sua generalidade, todos que estejam por eles contemplados. Dessa forma, não foram postos na Constituição para atender o caso Lula, como insinuam por aí, erradamente, os que se julgam donos do interesse público.

INTRODUÇÃO

O Brasil é este comício imenso de almas. Não são os comensais do erário. Não são as ratazanas do tesouro. Não são os mercadores do Parlamento. Não são as sanguessugas da riqueza pública. Não são os falsificadores de eleições. Não são os compradores de jornais. Não são os corruptores do sistema republicano. Não são os oligarcas estaduais. Não são os ministros da tarraxa. Não são os presidentes de palha. Não são os publicistas de aluguel. Não são os estadistas de impostura. Não são os diplomatas de marca estrangeira. São as células vivas da vida nacional. É multidão que não adula, não teme, não corre, não recua, não deserta, não se vende.*

Como se sabe, o Tribunal Regional Federal da 4ª Região deu suporte à decisão confirmatória da condenação do ex-presidente Luiz Inácio Lula da Silva pelos supostos crimes de *corrupção passiva* e *lavagem de dinheiro*. Os juízes de 2º grau de jurisdição componentes da 8ª turma agravaram a pena imposta por Moro para 12 anos e um mês de prisão.

No entanto, a Súmula nº 122 daquela corte não constitui instrumento hábil para tanto, porque não pode inovar o ordenamento jurídico, não se aplicando, portanto, ao caso vertente. Por isso, é

---

* BARBOSA Rui. *Pensamento e Ação de Rui Barbosa*. Brasília: Senado Federal, 1999, p. 371.

patente sua inconstitucionalidade, por causar grave lesão ao princípio da presunção de inocência, bem assim ao devido processo legal. E, ao mesmo tempo, ofende a dignidade da pessoa humana, a qual os tribunais devem, em suas decisões, tomar como parametrização axiológica, dando primazia aos direitos constitucionais fundamentais.

As súmulas jurisprudenciais de um modo geral são meramente referenciais, não se prestando, todavia, para fundamentar decisões judiciais, senão para exemplificar um raciocínio desenvolvido em determinado caso, já apreciado pelas cortes de justiça. Dessa maneira, não produz o efeito vinculante devido a sua natureza subsidiária, visto que a sentença em sentido *lato* resulta da análise do conjunto probatório, reunindo elementos materiais, testemunhais, periciais e outros. Ela se socorre, igualmente, da legislação, da doutrina e da jurisprudência, num esforço de interpretação lógico-sistemática que melhor se adéque à matéria de julgamento.

A irresignação traduzida pelo silêncio do acusado, e às vezes em tom de desabafo, é natural e legítima ao presumir que seja inocente, posto que até agora, segundo o arguido, nada provaram contra ele. O seu comportamento, que redunda e guarda afinidade com o desejo de liberdade, constitui bem supremo do homem na face da Terra. É muito dura a perda da liberdade, seguida de outra pena cruel e degradante consistente em ter de conviver em um ambiente promíscuo das penitenciárias do país.

Aos julgadores, seja lá onde estiverem desempenhando esse mister, mesmo em jurisdição especial, como, por exemplo, o caso do Parlamento, cabe assegurar que *the process of law* se cumpra na plenitude de sua juridicidade e de seu compromisso com a verdade, tendo em mira o direito justo. Devem agir em sintonia com o dever de preservação do *garantismo*, a partir do plexo procedimental emanado dos comandos jurídicos formulados pela lei e a Constituição, que exigem, para sua conformação, como tônica do julgamento, a imparcialidade dos que tem a missão de julgar.

Este estudo, diante do quadro desenhado em torno da questão posta e pressuposta, pretende demonstrar em primeiro plano que houve lesão aos direitos fundamentais, na medida em que estes foram subtraídos do ex-presidente Lula, em flagrante violação ao seu sagrado direito de defesa, atingindo, portanto, o seu *status dignitatis*. Isso porque extrapolou para o lado pessoal, ao desconsiderar a sua condição de cidadão em pleno gozo dos seus direitos assegurados pela Constituição.

Nessa linha, cumpre arrolar os princípios da impessoalidade, da imparcialidade e da presunção de inocência.

Como se observa, a questão tangencia o campo da inconstitucionalidade, por se decompor em questões materiais e formais que exigem um esforço maior de compreensão no universo jurídico em que se circunscreve. Então, o seu enquadramento necessita de uma percepção multidisciplinar da problemática para sustentar que não houve os crimes a ele atribuídos, ou seja, corrupção e lavagem de dinheiro, no particular aspecto da autoria. Ninguém conseguiu prová-los, verdadeiramente, em razão da falta de elementos no plano da materialidade e da autoria, substituídos por ilações, conjecturas plasmadas e forjadas no extenso campo das divagações teoréticas.

Sob o estrito ponto de vista do devido processo legal, não houve sequer resquício do exercício de uma boa retórica na argumentação deduzida do bom direito, contudo, sem chegar a estabelecer a relação de causalidade entre o fato-base e o presumido. Transparece do processo decisório uma certa predisposição a condená-lo, ao optarem pelo reverso, ou seja, a presunção de *culpabilidade*. Provavelmente tinham outra motivação, talvez política, impossibilitando-os de tratar o assunto com a serenidade requerida.

Diante do desconforto criado pelo julgamento, pretende-se, a partir dos elementos aqui analisados, demonstrar as *evidências jurídicas determinantes da inconstitucionalidade da condenação do ex-presidente em primeira e segunda instâncias*, ainda com grave ameaça de prisão imediata, aliás, já cumprida.

Um dos aspectos mais relevantes do processo diz respeito ao *cerceamento de defesa*, cujos fundamentos não mereceram atenção, nem ao menos foram apreciados, privilegiando, destarte, a *acusação*. É com esse espírito crítico que se pretende demonstrar a necessidade de restabelecimento da legalidade, bem como do império da Constituição. O país está suficientemente maduro para rejeitar essas imperfeições do sistema jurídico brasileiro em face de seus intérpretes e remover esse quadro de crise instalado no país.

CAPÍTULO 1

ASPECTOS CONCEITUAIS
ACERCA DA LEI E DO DIREITO

1.1 Conectividade entre a lei e o direito

A normatividade constitui exemplo cabal do vínculo entre o ideal (a lei) e o real (o direito), idealizada através da fórmula abstrata, capaz de entreter as controvérsias dentro da realidade factual na persecução do direito, traduzida em estudos que busquem seu equacionamento na Teoria Pura do Direito. Referida teoria que teve como mentor o jurista austríaco Hans Kelsen, que goza de alto conceito no seio dos estudos acadêmicos nas escolas de direito brasileiras. Abstraindo-se de quaisquer recursos das ciências sociais, Kelsen tentou atribuir objetividade jurídica à ciência jurídica, estabelecendo, para sua compreensão, uma escala hierárquica em forma de pirâmide, hoje adotada pelo sistema romano-germânico.

Para o jurista russo Evgeni Bronislávovich Pachukanis, citado por Sérgio Rodas, a teoria não contempla o mundo real, assim se expressando:

> As construções por ele [Kelsen] propostas são tão artificiais, paradoxais e, sobretudo, sem vida que elas dificilmente poderiam encontrar uma aplicação, mesmo na reduzida esfera da dogmática jurídica; o método Kelsen conduz para o lado completamente oposto ao de uma concepção verdadeiramente do Direito e do Estado.[1]

---

[1] RODAS, Sérgio. Maior jurista da URSS, Pachukanis criticava alienação de Kelsen e previa fim do Direito. *Consultor Jurídico*, 7 nov. 2017. Disponível em: <https://www.conjur.com.br/2017-nov-07/jurista-urss-criticava-alienacao-kelsen-previa-fim-direito>. Acesso em: 7 nov. 2017.

Como se vê, há um distanciamento lógico entre o ser e o dever-ser e, portanto, uma capitulação entre as normas e o mundo da realidade, descaracterizando, por essa razão, qualquer traço real, ao subtrair deste os elementos psicológicos, sociológicos e econômicos indispensáveis para a explicação do fenômeno jurídico.

Induvidosamente, o mundo real se sobrepõe, pela sua importância no plano material, à norma, posto que aquele tem primazia sobre esta. Daí ter o jurista que concebeu a Teoria Pura do Direito recorrido ao Direito Natural para lhe conferir validade. Aqui, consagra-se o direito positivo que abarca o direito pleno. Exatamente por isso é que Sérgio Rodas afirma, citando Márcio Bilharinho Naves:

> Sem relacionar as formas jurídicas ao processo de circulação de merca-dorias, que, conforme o russo, cria o sujeito de direito, as universidades "apenas reproduzem a ideologia jurídica burguesa". Assim, de acordo com a teoria de Pachukanis, o ensino jurídico brasileiro é, em geral, descolado da realidade.[2]

O ensino jurídico brasileiro trabalha com elementos abstratos que reproduzem o discurso ideológico das classes dominantes. Por isso não guarda qualquer conexão com a realidade factual. A manipulação do processo legislativo constitui um fato digno de relevo ao privilegiar uns e prejudicar outros, cuja orientação está fora do raio de ação da norma.

1.2 Leis extravagantes dificultam a exegese

As leis extravagantes em matéria penal não têm resolvido o equa-cionamento referido aos delitos, pois, ao contrário, a realidade factual revela uma faceta que foge ao controle judicial devido ao excesso de tipificação dos crimes. Nessa linha vale enunciar, por exemplo: leis de organização criminosa, quadrilha, crimes hediondos, imprensa, eco-nomia popular, da ordem tributária, lavagem de dinheiro e muitos outros criados ao bel-prazer dos legisladores.

Há um excesso injustificado de tais crimes, mesmo alguns sendo desdobramentos de outros. Nessa parte, pode-se exemplificar o de

---

[2] RODAS, Sérgio. Maior jurista da URSS, Pachukanis criticava alienação de Kelsen e previa fim do Direito. *Consultor Jurídico*, 7 nov. 2017. Disponível em: <https://www.conjur.com.br/2017-nov-07/jurista-urss-criticava-alienacao-kelsen-previa-fim-direito>. Acesso em: 7 nov. 2017.

roubo transformado em diversos tipos penais. Assim, não há como seu autor ou seus autores serem penalizados várias vezes pelo mesmo fato. Da maneira como vem adotando a Operação Lava Jato, em determinados casos as penas podem chegar a mais de 100 anos, na presunção de que é culpado, podem chegar a até 100 anos de idade ou mais.

Daí, essa barbárie que assola o direito penal brasileiro vem contribuindo para construir uma cultura de positivismo assentado num moralismo de ocasião calcado no mais deslavado fundamentalismo. É por isso de Nélio Machado adverte de modo veemente que: "O Direito Penal não serve para nada, faz com que as pessoas fiquem muito piores do que quando entraram na cadeia".[3]

Substituiu-se há muito o direito penal humanístico, no qual se aprendia que a dignidade humana constitui o fundamento maior do direito. E, assim, os julgadores deveriam perseverar sempre na realização do direito justo. Mas, ao revés, hoje a preocupação é com a satisfação do direito penal, com leis fora do domínio dos atores da cena jurídica, bem assim com a espetacularização do julgamento pelos veículos de comunicação social.

Causa certa perplexidade essa produção desordenada de leis como a querer instalar no Brasil um Estado policial. Essa proliferação de tipos penais tem levado à aplicação de penas absurdas, porquanto os fatos são dotados da mesma etiologia que não comporta autonomia entre eles. No fundo, no caso da Lava Jato, aplicar-se-ia apenas o crime de roubo.

Por outro lado, inexiste crime hediondo, mas apenas a repercussão social dele decorrente. Assim, ele se referencia por atenuantes. Mas estes são levados na devida conta pela maneira como o crime foi praticado. Nessa perspectiva, o fato concreto é a morte, e esta tem como causa a ação do agente de pôr fim a uma vida humana, o que constitui uma brutal violência.

1.3 Regras, princípios e valores jurídicos fundamentais

Nem sempre o processo é garantia de realização do direito justo, porquanto às vezes é impregnado de ideologização daqueles que julgam

---

[3] MACHADO, Nélio. "Um dia pedirão desculpas pelas delações, como fizeram por apoiar a ditadura". *Consultor Jurídico*, 24 set. 2017. Entrevista concedida a Sérgio Rodas. Disponível em: <https://www.conjur.com.br/2017-set-24/entrevista-nelio-machado-advogado-criminalista>. Acesso em: 10 mar. 2018.

sem se ater aos cânones da imparcialidade. É difícil, muitas vezes, fugir desse viés, que compromete o fazer judicial na persecução da justiça. Pelo menos é o que se espera do debate travado no meio jurídico: que se chegue ao denominador comum no sentido de se exigir do juiz o afastamento da questão meramente pessoal do ato de julgar.

Por outro lado, é compreensível que haja certa discordância no plano da hermenêutica no tocante à aplicação das leis e dos princípios com posições divergentes: em face da argumentação, tendo como característica a sua natureza dialética, devido à pluralidade do fenômeno jurídico. É provável, entretanto, que a construção e a consolidação de uma teoria da Constituição brasileira possa ajudar na discussão dessa temática.

Nesse diapasão, a lei de introdução às normas brasileiras poderia oferecer uma contribuição positiva em torno da questão. É que, ao dar ênfase à expressão "normas", que se decompõem em regras e princípios, deixou claro que ambos os instrumentos podem ser considerados no campo metodológico de interpretação e aplicação do direito, sem nenhum prejuízo comum, como meta primordial a ser alcançada pelo Estado.

A narração que consubstancia esse discurso jurídico calcado no positivismo normativista estabelece claramente as características da ausência *garantista* do processo penal. Nela se vislumbra a figura da imparcialidade por parte do juiz que encarna esse perfil. Outros aspectos foram levantados a evidenciar o descumprimento do devido processo legal, em razão do seu *modus operandi*.

O equacionamento de matéria dessa complexidade perpassa o âmbito de uma teoria da Constituição brasileira. Ela seria o pilar seguro capaz de dar sustentação às decisões do Poder Judiciário, uma vez sedimentado, a fim de possibilitar orientações seguras à hermenêutica constitucional aos litigantes, em razão do seu uso no campo da processualística.

Nessa perspectiva, tanto na lei quanto na Constituição pode-se colher os princípios indispensáveis à formulação do processo decisório. É óbvio, todavia, que os princípios constitucionais estruturados de acordo com seus próprios fundamentos axiológicos têm primazia sobre as leis de um modo geral. Em verdade, o que se tem em mira é que ambos atendam ao fim social objetivado pela norma e observem o bem comum. Benjamin N. Cardozo,[4] juiz da Suprema Corte dos Estados

---

[4] CARDOZO, Benjamin N. *A natureza do processo judicial*. São Paulo: Martins Fontes, 2004, p. 12.

Unidos, disse com absoluta propriedade no tocante á questão ética que não se pode negar essa comunhão entre as normas. Talvez seja por isso que o Judiciário tenha recorrido aos princípios para dar consistência ao conteúdo substantivo de suas decisões quando diante de leis iníquas que há muito deveriam ter sido revogadas.

Santos Justo, ao dissertar sobre a história do pensamento jurídico, revela que a teoria do pensamento jurídico realça a consciência jurídica geral, destacando a:

> fonte dos valores e princípios fundamentais que marcam a cultura duma época e transcendem o campo do direito positivado com o qual travam um diálogo permanente que o enriquece e atualiza.[5]

E mais adiante assevera:

> Castanheira Neves considera que a dimensão axiológica é a dimensão essencial da normatividade jurídica: por isso, terá de reconhecer-se no valor, e não na norma, o *prius* da normatividade. Esses valores que dão sentido fundamental à normatividade jurídica devem ser procurados no fundo ético da nossa cultura no momento histórico-cultural e na comunidade em que o problema se põe.[6]

O direito não se impõe tão somente pelas regras que instrumentalizam seu curso de ação nem se esgota nelas para determinar a essência da juridicidade, sem se constituírem em comandos originários do ordenamento jurídico positivo. Os valores, por seu termo, "não são noções jurídicas em sentido técnico, mas realidades do mundo da cultura", conforme José Hermano Saraiva, acrescentando que:

> Os valores jurídicos comandam, através dos princípios que decorrem e que só neles se legitimam, os enunciados formais das leis e, através destas, os atos de aplicação das normas a situações concretas da vida, chegando assim, por meio desse sistema de capilaridade, a penetrar em toda a disciplina da vida social, impregnando-a de significação teleológica.[7]

---

[5] JUSTO, A. Santos. *Nótulas da história do pensamento jurídico*: história do direito. Coimbra: Coimbra Editora, 2005, p. 81-82.

[6] *Ibidem*, p. 81.

[7] SARAIVA, José Hermano. *O que é o Direito?* A crise do direito e outros estudos jurídicos. Lisboa: Gradiva, 2009, p. 274-275.

A dimensão universal da dignidade da pessoa humana constitui uma demonstração inequívoca de sua importância no concerto social. Ela deu origem aos direitos fundamentais, hoje, insculpidos em todas as constituições democráticas que cominam com pena a sua violação. Assim, cabe ao Estado preservá-la e protegê-la no plano da liberdade individual da integridade física e espiritual do cidadão.

Carla Faralli defende a boa apresentação dos princípios como elementos primordiais na formulação do direito justo e, por isso, sugere a criação de um

> Aparelho judiciário capaz de, com base, nesses princípios constitucionais positivos, garantir uma atividade de interpretação do direito que desempenhe uma função unificadora similar à desempenhada no passado pelos códigos e pelas leis, pois esta parece não oferecer mais aquelas garantias de racionalidade e tutela dos direitos fundamentais que a transformaram no principal instrumento do moderno Estado de Direito.[8]

É obvio, portanto, que os tribunais devem recorrer aos princípios para enfrentar os casos de difícil solução, os chamados *hard cases*. Especialmente nas questões em que a realização da justiça não puder se circunscrever tão somente ao auxílio da regra. Afinal, o direito é concebido como uma complexa atividade de interpretação, que todavia não é deixada à discricionariedade dos juízes, mas é firmemente ancorada nos princípios, conforme Carla Faralli, que acrescenta:

> Assim, com a queda da rígida distinção entre direito e moral, que caracterizará o positivismo jurídico até Hart, abre-se um novo caminho para uma filosofia do direito normativo, empenhada em questões de grande repercussão política e moral, estreita conexão com a filosofia política e a filosofia moral.[9]

1.4 Tratados e convenções internacionais

As convenções e os tratados internacionais de direitos humanos não são meras normas de cunho programático e, como tal, não servem apenas de elemento figurativo. São, ao contrário, instrumentos de relevante conteúdo substantivo que têm como objetivo enriquecer a

---

[8] FARALLI, Carla. *Filosofia contemporânea do direito*. São Paulo: Martins Fontes, 2006, p. 20.
[9] *Ibidem*, p. 5.

jurisprudência referida aos direitos fundamentais. Nesse particular aspecto, não se pode negar que a estabilidade nesse campo visa fortalecer e garantir a incolumidade da pessoa humana na preservação de sua dignidade.

Em abono a essa tese, a Constituição Federal os equipara como equivalentes às emendas constitucionais. Assim podem ser concebidos após serem "aprovados, em cada casa do Congresso Nacional, em turnos, por três quintos dos votos dos respectivos membros" (CF, art. 5º, §3º). Nesse caso, não há como o Brasil se furtar a incorporar à Constituição as normas que versam sobre a matéria aqui referida.

Justamente por isso, a Declaração Universal dos Direitos Humanos reforça o postulado da presunção de inocência, como se vê:

> Toda pessoa acusada de um ato delituoso é presumida inocente até que sua culpabilidade tenha sido legalmente provada durante um processo público, em que lhe tenham sido asseguradas todas as garantias necessárias a sua defesa.[10]

Não foi sem razão que o preceito em questão veio a reforçar matéria já garantida nos textos de constituições democráticas. A formulação posta na Declaração não contrairia o campo da incerteza nem do caráter indeterminado, pois os direitos humanos exercem um fascínio entre os adeptos da sua solidariedade e das liberdades substanciais do homem.

Segundo Michel Villey, "as declarações dos direitos humanos prometem a todos identicamente a liberdade e o respeito à dignidade".[11] Elas se afiguram como modelagem e estrutura daquilo que impregna o esforço constante na persecução do direito.

Por conseguinte, a Declaração dos Direitos do Homem e do Cidadão, de 1789, reconhecida e proclamada pelo representante do povo francês, assim dispõe sobre o tema:

> Art. 9º Sendo todo homem presumido inocente até que tenha sido declarado culpado, se se julgar indispensável prendê-lo, todo rigor desnecessário para a guarda de sua pessoa deve ser severamente reprimido pela lei.[12]

---

[10] DECLARAÇÃO Universal dos Direitos Humanos, art. 1º. 1948. Disponível em: <http://www.ohchr.org/EN/UDHR/Documents/UDHR_Translations/por.pdf>. Acesso em: 3 abr. 2018.

[11] VILLEY, Michel. *O direito e os direitos humanos*. São Paulo: WMF Martins Fontes, 2007, p. 47.

[12] *Ibidem*.

E mais:

> Art. 16 Toda sociedade na qual não seja assegurada a garantia dos direitos nem determinada a separação dos poderes não tem Constituição.

O Estado Constitucional experimenta na contemporaneidade uma crise de acentuada concentração no poder do governo central. Vivencia-se dentro de uma Federação unitária onde prevalece de modo indefensável o protagonismo da União, embora sua existência e formação resultem da reunião dos Estados-membros, sem os quais não existiria, porquanto não teria razão de ser.

Pois bem. Se o concerto político constitui a essência da democracia, não há como afastar os deputados e os governos estaduais das prerrogativas de que são dotados os membros do Congresso Nacional. Significa, pois, que os deputados, senadores e governadores gozam das mesmas garantias constitucionais.

CAPÍTULO 2

PROTAGONISMO JUDICIAL DO PROCESSO PENAL SEM BASE LEGAL

2.1 Ampliação do objeto do libelo acusatório

O modo como o processo do ex-presidente Lula foi instaurado não possibilitou uma decisão capaz de refletir a adequação fático-jurídica dos procedimentos requeridos, ficando à revelia dos ditames processuais. Nada de concreto mostrou em sua trama que justificasse sua instauração e seu processamento. Tudo andou desordenadamente, desconectado com a verdade, calcado em fatos artificiais criados pelos mentores do acionamento jurídico.

Demais disso, o que se viu foi a ampliação do conteúdo da acusação, instruída por elementos antecedentes sem qualquer justificativa plausível, valendo tudo para precipitar a condenação, até antes de consumada, com antecipação da pena. Não houve interesse pelos fatos nem por sua materialização e autoria, pois o que contou foi o desejo iminente de se condenar sem provas.

Para a consecução desse desiderato, recorre-se a expedientes pouco convencionais, tais como: conduções coercitivas sem autorização judicial, divulgação seletiva de textos dos depoimentos de delatores e grampos dos telefones de advogados envolvidos na defesa de constituintes, sem que os responsáveis fossem punidos.

Há nesses casos, o uso da teoria do domínio do fato aplicada erradamente, tendo em vista a absoluta falta de provas idôneas para instruir o processo penal. Aqui, sim, detectam-se vestígios de que o exegeta foi levado a tomar uma decisão louvando-se apenas numa convicção pessoal de que o investigado cometeu o crime.

Cuida-se de uma interpretação enviesada que se socorre de axiomas destituídos de expressividade, como uma tentativa de convencimento fora de propósito. Com efeito, não se pode admitir os chamados atos de ofícios indeterminados, pois, como se sabe, são usados como substitutivos de provas, embora não tenham existência própria devido a sua falta consistência e, assim, não poderiam produzir efeitos jurídicos.

Trata-se de uma decisão ideologizada, francamente destituída de qualquer estrutura jurídica, que operou no plano das conjecturas. O julgamento decorreu com foco exclusivo na acusação, ao descartar a análise dos fundamentos irretocáveis da defesa do ex-presidente Lula.

É por isso que se pode afirmar que a decisão – em primeira e segunda instâncias – do ex-presidente da República Luiz Inácio Lula da Silva, em seu processamento e julgamento, não se ateve aos cânones do direito justo. De modo geral, o jurista italiano Luigi Ferrajoli assegura que, no Brasil, não são observadas as garantias do devido processo legal, tendo em vista a estrutura inquisitorial do processo penal, pois, segundo ele, o juiz incorpora a figura do inquisidor, o que implica confusão entre juiz e acusação, não se preocupando em estabelecer a separação entre as duas funções:

> a figura do juiz inquisidor que em violação ao princípio do *ne procedat iudex exofficio* promove a acusação, formula provas, emite mandados de sequestro e de prisão, participa da conferência de imprensa ilustrando acusação e antecipando o juízo e, enfim, pronuncia a condenação de primeiro grau.[13]

Por conseguinte, tem-se como certo que alguns equívocos de ordem conceitual foram cometidos na exegese promovida nas duas instâncias. Para isso não houve unidade de pensamento dos prolatores das decisões dos sentenciantes de sorte a harmonizar o ideal com a realidade factual, previamente acertada com vistas à condenação, embora sem quaisquer resquícios probatórios. Lograram combinar teorias incompatíveis com o sistema penal brasileiro.

2.2 A súmula como fundamento do processo decisório

As súmulas caracterizam apenas o registro das decisões dos tribunais acerca de determinado tema de maneira reiterada, sem

---

[13] FERRAJOLI, Luigi. Existem, no Brasil, garantias do devido processo legal? *CartaCapital*, São Paulo, nº 979, 16 nov. 2017. Disponível em: <https://www.cartacapital.com.br/revista/979/existem-no-brasil-garantias-do-devido-processo-legal>. Acesso em: 22 nov. 2017.

qualquer divergência de entendimento. Trata-se de consolidação da jurisprudência que melhor se adequou à solução das questões submetidas ao crivo das cortes.

Ressalte-se, entretanto, que, neste caso, as provas colhidas durante o processo não são capazes de motivar a sentença em sentido *lato*, tornando-se necessário valer-se da lei conjugada com a doutrina e a jurisprudência. Na verdade, somente nessas condições é que ganham legitimidade, pois dessa providência depende sua motivação.

O que conta para a expedição da ordem de prisão do réu é a sua fundamentação. Dessa forma, é nítida a impossibilidade de o TRF-4 aplicar a Súmula nº 122. Esta aduz que, depois da condenação de segunda instância, "deve ter início a execução da pena do réu". Nesse caso, não há culpa pela ausência do trânsito em julgado da condenação.

Com essa postura, a referida corte contraria regra expressa na Constituição. Ao contrário, como se vê, não é da essência da prisão antecipada a obrigatoriedade. Nesse sentido, sob pretexto de contenção da impunidade, não autoriza a violação do texto constitucional, em razão da autoridade moral que ela encarna.

Do mesmo modo, desafia recente decisão do Supremo Tribunal Federal prolatada pelo ministro Celso de Mello ao julgar uma ordem de *habeas corpus*. Na oportunidade, ele foi enfático ao assinalar que a antecipação de execução da pena depende de fundamentação, e, como tal, a sua aplicação não tem caráter de obrigatoriedade.

Por conseguinte, a decisão prolatada em segunda instância de jurisdição é provisória, assim, cabem recursos em homenagem ao *process of law*. A espécie admite, pois, recurso especial ao Superior Tribunal de Justiça e extraordinário ao Supremo Tribunal de Justiça, tendo em vista que cuida de infração à Constituição Federal. Os intérpretes não se preocuparam com a rigidez do processo, dando-lhe os contornos necessários a sua validade.

2.3 Desigualdade da paridade de armas: acusação *versus* defesa

A estrutura acusatória do processo não teve qualquer correspondência com o devido processo legal por negar o exercício do contraditório. É patente nesse caso a absoluta desigualdade de armas em razão da inobservância do princípio de presunção de inocência assegurado pela Constituição. Segundo Rui Patrício, o contraditório deve ser garantido em qualquer processo como meio de defesa, ao assinalar:

Especialmente quando existe – nas palavras de Gomes Canutilho e Vital Moreira, (...) "uma radical desigualdade material de partida entre a acusação (normalmente apoiada no poder institucional do Estado) e a defesa", sendo certo que "só a compensação desta, mediante específicas garantias, pode atenuar essa desigualdade de armas".[14]

É inquestionável que no caso presente o que se persegue é o natural equilíbrio entre a acusação (Estado) e a defesa (cidadão), este sujeito da ação persecutória daquele, com todo o peso de suas armas potentes e o braço forte dos julgadores. Assim, se a defesa for comprometida, poderá o investigado sofrer as consequências da máquina estatal, podendo até padecer retaliações ou penas sem ser culpado.

Os delitos de corrupção e lavagem de dinheiro, por violação à legislação de regência, objetos da acusação, não existiram nem foram provados no plano da juridicidade, permanecendo hoje e para sempre na obscuridade. Somente será suscetível sua existência quando forem demonstrados com provas irrefutáveis. Portanto, pode-se dizer que o julgamento não passou de um acontecimento alimentado pelos lampejos da imaginação, na medida em que se abeberou de ilações e conjecturas equidistantes do mundo real.

O processo de julgamento revelou sua nítida nuance ideologizada em face de sua conectividade com as questões políticas vinculadas a determinados segmentos da sociedade. Nesse aspecto, vê-se o quão precárias são as decisões que se tomam a partir de determinados comportamentos equidistantes do mundo real. Paulo Estevão Tamer Júnior,[15] ao analisar a obra *Hitler e os alemães*, de Eric Voegelin, estabelece uma similaridade entre o direito penal operativo alemão e a realidade da justiça penal do Brasil, a qual, ao mascarar a realidade, faz ressurgir outra diferente em seu lugar. Dessa forma, explica que tal comparação tem "como fato incipiente conspurcação das virtudes morais por elementos de cunho ideológico", assim se posicionando:

> Eis aí o que no Brasil, e neste tempo, configuram os tópos de ideologização da Justiça que nos impedem de ver a verdade real: de que para a aplicação do Direito não basta o conhecimento do abstrato e geral da

---

[14] PATRÍCIO, Rui. *O princípio da presunção de inocência do arguido na fase do julgamento no actual processo penal português*. Lisboa: Associação Acadêmica da Faculdade de Direito de Lisboa, 2000, p. 65.

[15] TAMER JUNIOR, Paulo Estevão. Ideologização da Justiça facilita afronta a direitos humanos. *Consultor Jurídico*, 8 out. 2017. Disponível em: <https://www.conjur.com.br/2017-out-08/paulo-tamer-ideologizacao-Justica-facilita-afronta-direitos>. Acesso em: 8 out. 2017.

lei, mas é necessário associá-lo ao aprendizado das virtudes morais para que, auxiliadas pela prudência – significando aqui a experiência prática de vida do operador – garantam verdadeiramente o quanto conquistado em termos de direitos fundamentais.[16]

Nessa linha de intelecção, o jurista argentino Eugenio Zaffaroni afirma que "está havendo uma manipulação da Justiça para excluir das eleições líderes populares".[17] Refere-se aos países da América do Sul, como Brasil, Argentina e Paraguai, desabafando: "É isto que estamos vivendo, uma regressão de Estado de Direito muito forte, mas são momentos de luta, de resistir".[18] Ao explicar a radicalização dessa ideologia, argumenta que é preciso entender:

> a gravidade da corrupção neste momento, é preciso compreender o marco do poder. Segundo o jurista, hoje vivemos uma ideologia totalitarista que avança sem limites e que está vulgarizada através de monopólios, de meios de comunicação social. Essa ideologia, conta Zaffaroni, tem um poder imenso e formou uma nova oligarquia planetária, onde 1% da humanidade tem a riqueza que os 57% mais pobres precisariam para sobreviver. Esse poder criminoso, segundo o jurista, está inserido na política e não tem limites éticos ou morais.[19]

Diga-se, a bem da verdade, que a relação de causalidade não se aperfeiçoou entre fatos e direito, elementos dissociados da narrativa acusatória. De fato, ela se afigura de maior relevo para a consecução desse desiderato. A assimilação da necessidade dessa indissociabilidade não suscita qualquer dúvida no panorama da processualística.

A defesa se desincumbiu de seu papel com eficiência no que diz respeito aos seus fundamentos plasmados na equação fático-jurídica, os quais não foram considerados. Somente interessava aos julgadores suportar a acusação ao agirem com parcialidade e ao não se deterem ao exame percuciente dos fundamentos da defesa.

---

[16] *Ibidem.*

[17] VIVEMOS um retrocesso mundial dos direitos humanos, afirma Eugenio Zaffaroni. *Consultor Jurídico*, 7 nov. 2017. Disponível em: <https://www.conjur.com.br/2017-nov-07/vivemos-retrocesso-mundial-direitos-humanos-zaffaroni>. Acesso em: 7 nov. 2017.

[18] *Ibidem.*

[19] *Ibidem.*

2.4 A democracia, a soberania popular e o procedimento

A *democracia* busca possibilitar a realização do bem comum como meta maior a ser alcançada pela sociedade. Dessa maneira, não se confunde com regras procedimentais, que mesmo cumpridas em sua integralidade podem não fazer justiça. O processo é meramente instrumental, processual, burocrático e, como tal, não tem essa dimensão de grandeza que se lhe quer atribuir no plano jurídico-político. Não há, pois, compará-lo com a democracia, que é um *sistema* de governo feito para o povo num determinado espaço republicano.

Há certo exagero nessa colocação longe da questão posta e pressuposta, talvez dita até para criar impacto no mundo político. É preciso, portanto, repeli-la à altura em razão da falta de sentido que encarna no campo do debate. É aquela antiga e ultrapassada discussão de superação do direito material pelo procedimento, este que os processualistas querem transformar em ciência.

Daí a opinião de Francis Augusto Medeiros: "Eleger a supremacia do procedimento quando este é substancialmente viciado é algo tão ultrapassado na ciência jurídica que espanta que alguém ainda sustente argumento tão absurdo".[20]

Por outro lado, não se pode erigir soberania popular ao nível de ficção por não ter em seu bojo qualquer substância capaz de se contrapor ao procedimento. Dizem os céticos que o povo não tem corpo nem forma e não merece nenhuma referência no plano existencial, portanto, dele não se pode retirar qualquer elemento positivo. Ao contrário, na formulação do Estado, somente existem dois elementos concretos: povo e território.

Diga-se ainda, a bem da verdade, que o povo se afigura como a própria razão de ser dos poderes estatais. Estes são mera representação do poder dele emanado, que assim dão dignidade e legitimidade àqueles que o exercem em seu nome enquanto bem servirem o interesse público. Os detentores do poder exercem funções de gestão visando ao bem-estar social regiamente remunerado pela contribuição popular.

Essa compreensão é necessária para afastar equívocos dessa natureza, que mais confundem do que ajudam na compreensão do papel da esfera política na sua missão de preservar no aperfeiçoamento

---

[20] NÃO há qualquer hipótese do impeachment ser golpe, diz leitor. *Folha de S.Paulo*, 10 set. 2016. Disponível em: <http://www1.folha.uol.com.br/paineldoleitor/2016/09/1811988-nao-ha-qualquer-hipotese-do-impeachment-ser-golpe-diz-leitor.shtml>. Acesso em: 10 set. 2016.

das relações econômicas e sociais. Ademais, a Constituição Federal não desborda desse ponto de vista ao assentar: "todo o poder emana do povo, que o exerce por meio de representantes eleitos ou diretamente, nos termos desta Constituição".[21]

A soberania popular configura a própria encarnação da democracia, transcendendo o Estado na edificação de cidadania. Somente assim poderia empreender o embate social na persecução de sua liberdade. O magnetismo impulsionador de sua ideia recortada de força seria o caminho do equacionamento de uma política voltada para o homem na realização de sua plenitude moral e intelectual.

É por isso que o primado da lei não constitui apenas a submissão servil aos seus ditames coercitivos. E, assim, em país em desenvolvimento, não se resume apenas à observância do direito positivo sem atingir no âmago os fios sociais a que se propõe como um imperativo de justiça tão ansiado pela comunidade nacional.

Na verdade, o poder político não escapa ao controle soberano do povo, do qual ele constitui mero representante. Portanto, não domina todo o espaço que lhe propicia o pacto federativo. Nesse sentido, expande-se a partir da criação de novos direitos muito além daqueles traçados pelo universo jurídico.

Nessa perspectiva, a Lava Jato extrapola seu raio de ação, afrontando o direito posto e pressuposto. Essa possibilidade está evidenciada no curso de sua trajetória de excessos cometidos em nome de um moralismo libertador. Nesse campo, a Justiça se aparta do Direito, embora entre eles devesse haver uma ligação indissociável. Jacques Derrida dá conta disso quando escreve sob a égide da força da lei:

> Quero logo reservar a possibilidade de uma Justiça, ou de uma lei, que não apenas exceda ou contradiga o Direito, mas que talvez não tenha relação com o direito, ou mantenha com ele uma relação estranha que pode tanto exigir o Direito quanto excluí-lo.[22]

O desfecho rocambolesco da Operação Lava Jato, focado em primarismos ideológicos fundados no mais deslavado fundamentalismo, não se compraz com a democracia republicana. Os atentados à liberdade individual dão o tom das conduções coercitivas violadoras dos direitos

---

[21] BRASIL. Constituição Federal (1988). *Constituição da República Federativa do Brasil*, 1988. Brasília: Senado Federal, Centro Gráfico, 1988. Art. 1º, Parágrafo único.

[22] DERRIDA, Jacques. *Força da lei*. São Paulo: Martins Fontes, 2007, p. 58.

fundamentais, felizmente, agora, estancadas com a decisão do ministro Gilmar Mendes, do STF.

E o princípio da presunção de inocência menoscabado pelo descompasso processual, derivado do julgamento antecipado, impede o pleno direito de defesa. Esse panorama de retrocesso mostra a face cruel desse modelo de condenação desconectado com a realidade factual, e o ímpeto persecutório que move a acusação bem denota, à saciedade, que o propósito é de condenação e, portanto, não é nobre, pois com o intuito de perseguição.

2.5 A sentença penal condenatória e suas consequências

A sentença penal jurídico-penal se funda em meras conjecturas elucubradas pela mente humana nos seus momentos de devaneio. O magistrado não deve se ater apenas ao recurso literário como produto de seu poder decisório. A processualística por si só não tem o condão de estabelecer a equação fático-jurídica como consequente a exigir a observância do direito moral, sem o que não se legitima.

A falta de coerência na análise dos elementos referidos ao conjunto probatório compromete a boa aplicação do direito. Assim, torna-se necessário que, além das formalidades, cumpra-se o ritual do contraditório garantindo pelo Direito Constitucional. As penas devem ser mais bem delimitadas, pois não se admite esse exagero que vem ocorrendo com a Operação Lava Jato, como, por exemplo, em torno de um *triplex* que não é de propriedade de ex-presidente Lula.

Além da discussão no tocante ao domínio do imóvel, agregou-se a inclusão de lavagem de dinheiro, quando não há prova de que o tenha recebido como se fosse caixa dois e, portanto, com característica de propina.

O sistema processual brasileiro se expandiu de tal forma que passou a administrar novos elementos no seu *modus operandi*. As provas, que são a figura central da segurança por ele oferecida, ganharam novo formato de processamento e julgamento das ações. As delações premiadas saídas da boca de *criminosos confessos* passaram a ser aceitas sem demonstração de que são a expressão da verdade, mas como elemento de convicção.

Por conseguinte, não se pode admitir, por exemplo, delações regiamente remuneradas para servir de instrumento probatório, o que vem acontecendo na *práxis* "lavajatense". É claro que isso desmoraliza o sistema jurídico-penal que atua na persecução penal de maneira açodada, querendo implantar o estado do punitivismo desguarnecido das regras legais. Esse é o panorama que nos apresenta o cenário envolvendo questões de natureza penal por falta de objetividade jurídica.

Ademais, as penas aplicadas pelos juízes da Lava Jato são desarrazoadas, não encontrando amparo na Constituição Federal. O pretenso crime atribuído aos investigados ganha um desdobramento extraordinário, ou seja, expande-se de acordo com a natureza do delito. Assim, o crime de subtração de dinheiro público e seus consectários, ou seja, subtração para o caixa dois, lavagem de dinheiro, peculato, falsidade ideológica, eleva as penas a mais de 50 anos.

Por outro lado, se a corrupção referida aos *supersalários* fosse objeto de apuração por parte da Lava Jato, ter-se-iam condenações astronômicas. Isso porque já se detectou contracheque mensal de 500 mil reais, formado por *penduricalhos*, e a penalidade em razão disso seria de mais de 100 anos de reclusão.

Essa ideia forjada em uma percepção equivocada que realça um conceito formulado ao arrepio do direito material se coaduna com o ato de aquisição do *triplex* sem o registro notarial. Afinal, trata-se de propriedade cuja transparência de domínio depende do atendimento das formalidades legais.

Não existe transferência de patrimônio na base da convicção, do ouvir dizer, do disse-me-disse. Nem o depoimento de um delator qualquer é suficiente para quebrar a manifestação solene determinante da mudança de proprietário, pois isso não faz o menor sentido em um país por excelência cartorial.

Nesse sentido o direito romano é esclarecedor:

> Com origem no Direito romano, a titularidade do domínio de um imóvel – ou seja, o Direito de propriedade sobre ele – somente se adquire por um instrumento público, inserto no registro oficial respectivo. No caso de transmissão desse Direito, regularmente por escritura pública notarial e pela inscrição no registro oficial respectivo. Tal condição formal não repercute tão somente *ad probationem*, mas resulta requisito constitutivo da transmissão da titularidade do domínio de um imóvel (*ad solemnitatem*).[23]

---

[23] MAIER, Julio. Parecer jurídico. 28 ago. 2017. *In*: TEIXEIRA, Matheus. Jurista argentino classifica condenação de Moro a Lula como "ilegítima". *Consultor Jurídico*, 14 out. 2017. Disponível em: <https://www.conjur.com.br/2017-out-14/jurista-argentino-classifica-condenacao-lula-ilegitima>. Acesso em: 15 out. 2017.

Então, não há qualquer prova documental que possa atestar a transferência do bem questionado para o patrimônio do ex-presidente Lula. A suposta prova ateve-se à convicção da magistratura baseada em suposições em razão da manifestação oral dos delatores. É obvio que isso não basta ao equacionamento da matéria, pois, no presente caso, exige o cumprimento das exigências cartoriais, nos termos do Código Civil brasileiro.

Em verdade, um imóvel não se transfere apenas com um depoimento prestado pelo seu proprietário, destituído de qualquer força probante. Isso porque todo proprietário poderia criar uma discussão interminável sobre a validade do negócio. Desse modo, ao juiz não cabe considerar como legítima e válida uma transação que não se conforma aos trâmites ditados pelo ordenamento jurídico.

Na linha do parecer de Julio Maier, antes referido, "não existe a possibilidade de adjudicar ao Sr. ex-presidente o domínio do imóvel", até porque a sentença

> (…) reconhece que não está inscrito em seu nome o registro de Imóveis respectivo e, portanto, a transmissão do domínio não ocorreu nem é o resultado de uma escritura pública notarial. Isto significa, em idioma jurídico-penal, que o presente pode consistir no ato jurídico de adquirir um imóvel suposto mediante o método de "levantar o véu", ou seja, por conjecturas que é aquilo que a sentença em exame postula e realiza (…) O grupo da OAS mantém a titularidade do domínio dentro de seu patrimônio – ou seja, o imóvel (…) não ingressou ao patrimônio do ex-presidente.[24]

A execução da pena por órgão de segunda instância não cabe no sistema jurídico constitucional, até porque não se pode desconstruir regra posta pelo poder constituinte do povo. Então, a interpretação e a aplicação da Constituição não comportam essa violação à norma que a estrutura, plasmada no postulado da não culpabilidade, não devendo se perder de vista a instrução contraditória como corolário do devido processo legal.

Pelo menos à primeira vista, não há como admitir essa hipótese, porque ela contraria a lógica do sistema, que envolve outras instâncias que, na realidade, não podem ser desconsideradas. Se, ao contrário, decidiu a Suprema Corte, foi em função de um caso concreto específico

---

[24] *Ibidem.*

e, portanto, não como questão definitiva. Assim, o critério adotado na solução de uma situação específica não irradia efeitos em outros casos. Por outro lado, as delações premiadas convertidas em depoimentos testemunhais prestados por investigados não merecem fé. Tanto isso é verdade que se exigem deles as respectivas provas documentais que, muitas vezes, não são submetidas à perícia a fim de verificar a sua autenticidade, embora já se saiba de antemão que são ilícitas. Além disso, ainda concorrem de modo direto para a impunidade explicita dos infratores. Isso porque, segundo José de Faria Costa, ao levantar a preocupação de Cesare Beccaria com o tema quanto ao aspecto aqui exposto, assinala:

> A impunidade em virtude da hoje chamada "delação premiada". "Mas em vão me atormenta a mim próprio para apagar o remorso que sinto a autorizar as sagradas leis – momento da pública confiança, base da moral humana – a traição e a dissimulação". Aqui a ética das virtudes tem força normativa apenas para obrigar o Estado a garantir a *efetiva impunidade* do delator: "que exemplo seria, pois, para a nação, se faltasse à impunidade prometida e, sob pretexto de outras sutilezas, se arrastasse para suplício, para a vergonha da fé pública, aqueles que correspondem ao convite das leis".[25]

Daí a necessidade da prova consistente e da definição de seus pressupostos, como adverte Jardi Ferrer Beltran:

> No es necessário elaborar una argumentación detalhada para mostrar que aquello que debe ser probado en juicio depende de los supuestos de hecho a los que las normas jurídicas atribuyen consequencias jurídicas. De este modo, en el proceso deberá probarse la proposión que afirma la ocurencia del heco a los efectos de la aplicación de la consequencia jurídica prevista por el derecho.[26]

Além da questão probatória, que avulta como da maior importância para a resolução dessa problemática, surge o debate a respeito da remota probabilidade da prisão de Lula. Segundo artigo publicado na revista *Isto É* de autoria dos jornalistas Ary Filgueira e Rudolfo Lago, há uma movimentação para que a matéria seja colocada visando à sua rediscussão no STF a propósito da prisão em segunda instância, ponderando a esse respeito:

---

[25] COSTA, José de Faria. *Beccaria e o Direito Penal*. Coimbra: Coimbra Editora, 2017, p. 46.

[26] BELTRAN, Jordi Ferrer. *Prueba y verdad en el derecho*. 2. ed. Madri: Marcila Pons, 2005, p. 49.

O grande perigo por trás da análise sobre a prisão de Lula vem de uma combinação explosiva que pode deixar fora das grades não apenas ele, mas uma série de outros políticos e empresários envolvidos em casos de corrupção.[27]

A preocupação dos jornalistas somente teria sentido se a solução da questão fosse para equacionar um caso individual, aí sim estariam cobertos de razão. Entretanto, trata-se de uma problemática mais complexa na medida em que poderá adentrar o campo da presunção de inocência. Na verdade, em segundo grau não esgota a jurisdição, pois não se confunde com a culpa, que, por isso, exige o trânsito em julgado de sentença.

Assim, enquanto isso não ocorrer, não há falar em prisão. O povo constituinte titular absoluto do poder republicano distribuído em funções específicas – Legislativo, Executivo e Judiciário – defende a integridade da Constituição de 1988. Em pesquisa feita pelo Instituto Vox Populi, a maioria confirmou o expresso na regra constitucional de não permitir a execução provisória da pena de prisão após segunda instância.

A votação contra a prisão nessas circunstâncias foi rechaçada por 48% contra 28% dos entrevistados. Isso é uma demonstração cabal de que o povo está antenado e, portanto, não aceita a violação do texto da Constituição que trata do assunto, ademais quando há uma predisposição de tratar o ex-presidente com mais rigor.

> Mesmo com a decisão confirmada pelo Tribunal Regional Federal da 4ª Região, 52% apostam que o ex-presidente ficará livre, enquanto 29% responderam que será preso. A maioria (também 52%) avalia que Lula será candidato a presidente nas eleições de 2018. Já 33% acham que ele não vai entrar na disputa.

> Ainda envolvendo o cenário eleitoral, 48% das pessoas ouvidas disseram que quem deve julgar Lula é o povo, nas urnas, e não Moro ou outros juízes. Por outro lado, 41% delegam a função ao Judiciário.[28]

Contribuem esses fatores para uma espécie de confusão entre os poderes da República, tanto que disso se apercebeu Antônio Delfim Netto, que, embora seja economista, deu o tom do problema vivenciado

---

[27] FILGUEIRA, Ary; LAGO, Rudolfo. A manobra do PT no STF para tentar salvar Lula. *Isto É*, São Paulo, nº 2515, 7 mar. 2011, p. 29.

[28] EM PESQUISA, maioria afirma ser contra prisão após segunda instância. *Consultor Jurídico*, 2 mar. 2018. Disponível em: <https://www.conjur.com.br/2018-mar-02/moro-julga-lula-rigor-outros-politicos-pesquisa>. Acesso em: 2 mar. 2018.

por todos ao admitir que o país está inadministrável, assim exortando que chegou a hora de colocá-lo nos eixos:

> Porque é evidente que a Constituição não está funcionando e que os Poderes e seus apêndices (Legislativo e Tribunal de Contas da União, Executivo e as Agências Reguladoras e Judiciário e Ministério Público) estão conflagrados desde que a leniência e a perda de protagonismo do Executivo assistiu, pacificamente, à extravagante "judicialização da política" e à sua irmã siamesa, a "politização da Justiça". No nível atual, elas tornaram o Brasil inadministrável. É hora, pois de voltar ao "livrinho" e colocar cada Poder e seus complementos dentro de suas "caixinhas" e coibir toda e qualquer invasão ou abuso de poder.[29]

Essa manipulação de informações veiculadas pela mídia é proposital, de modo a atingir um alvo que consulta aos seus interesses. Daí a tentativa de confundir, como lhe convém, as expressões "condenado" e "culpado" no plano conceitual referido ao processo penal. A primeira refere-se à pessoa a quem foi dirigida a sentença penal condenatória, e a outra se aplica quando, esgotadas as vias recursais, o condenado, uma vez cessado o julgamento, for considerado *culpado*.

Infere-se disso que a execução da pena em segunda instância não prospera, ainda mais porque os embargos de declaração não põem termo ao processo. Há nesse raciocínio grave erro de percepção em relação ao direito de defesa e lesão às garantias processuais assentadas na Constituição da República. Nela se vê claramente a dignidade da pessoa humana como postulado maior fundante da República Federativa do Brasil.

A perversão de notícias com conteúdo difamatório levou o ministro Ricardo Villas Bôas Cueva, do Superior Tribunal de Justiça (STJ), a condenar uma emissora de TV a pagar R$200 mil por veicular matéria dessa natureza, assim ditando suas razões de direito:

> Na maioria das reportagens, fica evidente a manipulação das informações apresentadas ao telespectador no sentido a condenar previamente o autor, reforçada inclusive pelos comentários dos apresentadores dos programas que as veicularam. Em algumas situações é visível a repulsa e reprovação exibidas por estes apresentadores, chegando ao cume de ofender gratuitamente a imagem do autor, que sequer havia sido julgado, diz o ministro.[30]

---

[29] DELFIM NETTO, Antônio. O Brasil funciona mal. *CartaCapital*, São Paulo, 7 mar. 2018, p. 41.

[30] MARTINES, Fernando. Emissora de TV pagará R$ 200 mil por dar a entender que réu era culpado. *Consultor Jurídico*, 4 mar. 2018. Disponível em: <https://www.conjur.com.

Os dados probatórios reunidos nos autos sugerem que eles são as determinantes dos caracteres de uma ficção engendrada pela processualística suscetível de operar milagres. Significa admitir que as provas podem ser colhidas e tratadas sem a devida técnica e, sobremodo, sem verificar se são realmente lícitas. Pela mesma forma, se as perícias não sofreram mutações ou foram propositadamente manipuladas mediante fraude.

O paradoxo de que a decisão judiciária não comporta revisão e que questão dessa natureza não pode ser colocada em pauta não prospera. Ninguém detém poder absoluto, e a autoridade do STF está no colegiado, por isso não cabe manifestação individual de um de seus pares. O alinhamento em conjunto dos julgadores é que responde pelo pensamento uniforme da palavra suprema da Corte.

2.5.1 A questão Lula está sobrestada enquanto o STF não decidir prisão após segundo grau

Há uma tentativa insólita de fazer acreditar que alguns críticos da Lava Jato são a favor da corrupção. Nada mais injusto. Isso porque ela, segundo Alberto Toron, "começou quando ainda se permitia que o sujeito aguardasse em liberdade o trânsito em julgado e teve muita eficiência".[31] Na verdade, o êxito da operação depende fundamentalmente das delações premiadas, não podendo deixar de registrar os excessos por ela por cometidos.

Pela sistemática que vem sendo adotada, verifica-se que ela não depende de práticas ilegais no seu *modus operandi* para justificar sua postura. As condições coercitivas, os vazamentos seletivos, a exposição dos investigados e a transformação do processo penal em espetáculo midiático parecem destoar como procedimento que não se coaduna com a boa prática investigatória em homenagem ao devido processo legal, tampouco com a presunção de inocência.

Por outro lado, o TRF-4, à vista de uma decisão provisória do STF, não pode, mesmo arrimado em súmula, determinar execução

---

br/2018-mar-04/emissora-tv-pagara-200-mil-apontar-reu-culpado?utm_source=dlvr. it&utm_medium=facebook>. Acesso em: 4 mar. 2018.

[31] TORON, Alberto *apud* ALBUQUERQUE, Ana Luiza. Aos 4 anos, Lava Jato vê fim da prisão em 2ª instância como maior ameaça. *Folha de S.Paulo,* 16 mar. 2018. Disponível em: <http://www1.folha.uol.com.br/poder/2018/03/aos.4.anos.lava.jato-ve-fim.da.prisão>. Acesso em: 18 mar. 2018.

CAPÍTULO 2 | 37

da pena em segunda instância. Isso viola as garantias individuais asseguradas pela Constituição, bem como o direito de defesa, agravado com a supressão das jurisdições dos tribunais superiores. Essa negação das vias recursais caracteriza um tremendo cerceamento do direito de defesa, assim privilegiando a acusação.

A Operação Lava Jato poderia desincumbir-se da condução de suas tarefas sem usar e abusar de expedientes processuais inadequados. De fato, o STF flexibilizou a regra fundamental da inocência presumida em um caso específico, o que, efetivamente, não poderia fazê-lo em face de sua submissão aos ditames constitucionais, já que sua missão é no sentido de garantir os valores e princípios impregnados na Constituição.

Aspectos dos mais relevantes em torno da prolatada prisão do ex-presidente Lula avultam como da maior importância no panorama judiciário em face de sua complexidade. Isso porque visam discernir acerca do direito subjetivo individual de presumido inocente. Este não pode ser privado de sua liberdade sem o uso consequente (esgotamento) do repertório de recursos até o fim da cognição no plano da processualística. Ademais, acha-se pendente o *habeas corpus* preventivo pedido por Lula, bem como as Ações Declaratórias de Constitucionalidade (ADCs) 43 e 44; todas elas encarecem o cumprimento da regra consubstanciada na Constituição sobre o trânsito em julgado. Enquanto tal não ocorrer, assiste razão a ele aguardar em liberdade os instrumentos processuais referidos.

Como da decisão prolatada pelo TRF-4 cabe recurso especial ao STJ, em se tratando de matéria que viola a Constituição o investigado pode acionar o recurso extraordinário. Essa iniciativa obsta a prisão, até porque esta não foi determinada pelo acórdão em sede processual. Porém, a denegação da ordem de *habeas corpus* pelo STJ criou um clima de insegurança pela possibilidade de ser tolhido no seu direito de ir e vir, gerando séria ameaça à sua liberdade.

Pela primeira vez na história do direito vê-se um homem ser condenado pelos crimes de corrupção passiva e lavagem de dinheiro sem *triplex* e sem dinheiro. A condenação se deu por um órgão-juiz – dentro dos rígidos padrões de antigamente, caracterizados por uma metodologia estritamente inquisitorial. Nesse ponto, houve uma inversão de valores diante da atuação de um mesmo órgão acumulando as funções de instrução, acusação e julgamento.

Disso resulta cristalino o tom inquisitorial que se deve ao processo penal, implicando superioridade sobre o investigado, desguarnecido de qualquer garantia. Nesse aspecto, a autoridade se sobrepõe à liberdade do cidadão, como se seu objetivo fosse apenas centrado no objetivo de punir. Ora, a presunção de inocência se vincula à garantia do direito à liberdade em razão da exigência formada como elemento de validade de prisão preventiva.

Impõe salientar que a imediata execução da pena com base no verbete nº 122 do TRF-4 não encontra ressonância no ordenamento jurídico. E, como tal, não há remédio para que aconteça, porquanto carece de fundamentos sólidos capazes de determinar sua justificação dentro de um processo dessa natureza. Se tentasse tal manobra, violaria o postulado inscrito na Constituição, consistente no direito de preservação da liberdade individual.

Há, portanto, um quadro de indefinição da matéria referida à presunção de inocência quanto ao limite que lhe está sendo imposto por decisão divergente dos juízes do STF. Portanto, torna prejudicial à possibilidade de tutela efetiva da liberdade de locomoção dos pacientes de *habeas corpus* que buscam guarida na jurisdição.

Como se observa, a questão regimental não visa apenas disciplinar os trabalhos judiciários de cunho operacional. Sua função dirige-se não aos meios, mas à finalidade para a consecução da liberdade, dando-lhe primazia em razão desse fato. Dessa forma, a matéria aqui versada é da maior relevância e, portanto, deverá ser colocada em pauta devido à prioridade a ela dispensada pelas normas regimentais.

Vale salientar, ainda, que a prisão determinada no acórdão não se sustenta, tendo em vista a absoluta ausência de motivação. Da mesma maneira, não contou com requerimento do MPF, mas simplesmente com um verbete sumulado pelo TRF-4, nº 122. Pelo que se conclui, é destituída de qualquer fundamento. Daí porque adverte Geraldo Prado:

> Assim é que não há impedimento a que se decrete uma prisão cautelar e que seus efeitos se estendam aos julgamentos dos recursos especial e extraordinário, enquanto presentes as causas de suspensão de que o mau uso da liberdade pelo condenado coloca em risco a aplicação da lei penal.[32]

Diz mais:

> O fundamento exclusivo consiste em que deverá ser executada imediatamente a pena imposta em apelação na hipótese em que caiba

---

[32] PRADO, Geraldo. Opinião jurídica. 12 mar. 2018. Disponível em: <https://www.conjur. com.br/dl/stf-pacificar-entendimento-lula-preso.pdf>. Acesso em: 19 mar. 2018.

impugnação da condenação exclusivamente pela via dos recursos especial e extraordinário. Não foi imposta prisão processual a Luiz Inácio Lula da Silva.[33]

2.5.2 A prisão processual de Lula não determinada no acórdão

É improvável que Lula seja preso sem antes fazer uso de todos os recursos propiciados pelo ordenamento jurídico-processual. Pouco importa o esforço maniqueísta da Lava Jato para desacreditar as críticas a respeito de sua metodologia de trabalho, atribuindo a seus críticos a pecha de corruptos, como se fossem seus operadores os vestais da moralidade. É deveras preocupante a insidiosa perseguição ao expresidente por motivação pessoal.

Nem se pode debitar o êxito da operação aos promotores federais e aos membros do Judiciário diante da colaboração expressiva dos delatores. Estes sim é que possibilitaram o seu sucesso, embora muitas vezes o método para arrancar confissões enveredasse pelo campo da investigação inquisitorial. Tais aspectos já foram levantados por criminalistas do Brasil e do exterior, de sorte a registrar a involução civilizatória do processo penal de garantia.

O pronunciamento institucional sempre bem engendrado em simetria com as diretrizes da acusação vem dificultando enormemente o contra-ataque da defesa. O pré-julgamento tem sido uma constante nos julgamentos processados agora, até com a presidência do TRF-4 declamando publicamente a justeza da decisão, qualificando-a de inquestionável, o que tem afetado o ânimo dos desembargadores para decidir conforme seu ponto de vista.

Por conseguinte, cumpre ao STF pautar o julgamento do *habeas corpus* impetrado a favor de Luiz Inácio Lula da Silva não só pelo dever de fazê-lo, mas também pelo seu caráter de urgência. Trata-se de instrumento que objetiva preservar a liberdade por ser um dos valores mais sagrados do homem. Daí o alto grau de prioridade atribuído a ele no julgamento do Plenário, nos termos do arts. 145 e 149 de seu Regimento Interno.

Infere-se, portanto, do quanto esposado que em nenhum momento no acórdão foi decretada, no plano processual, a reclusão do

---

[33] *Ibidem.*

ex-presidente Lula. Disso, denota-se que a condenação carece de confirmação pelo STF, visto versar a matéria sobre questão constitucional. Isso é o que se extrai da fundamentação da decisão prolatada em segunda instância.

Não há fatos capazes de revestir a condenação de plausibilidade jurídica. O que há de verdade são meras partículas de argumentos colhidas das falas desconexas dos delatores, muitas vezes debaixo de forte pressão na iminência de perder a liberdade em desfecho futuro.

E nisso é que residiu, fundamentalmente, a razão de decidir nesse processo assaz apressado. Nessa perspectiva, não se logrou encontrar nem se procurou estabelecer os contornos do fato real decorrente da expectativa de se decompor o fato presumido ao desvendar o campo da causalidade.

Veja-se nesse sentido a posição sustentada por Alexandra Vilela em sua dissertação de mestrado apresentada à Faculdade de Direito da Universidade de Coimbra:

> Há, na presunção, um fundamento lógico que repousa na ideia da probabilidade racional de que venha a acontecer o fato presumido, uma vez verificado o fato real. Em síntese, a presunção em sentido técnico caracteriza-se estruturalmente pelo fato de ser composta por três elementos: o fato-base, o fato presumido e a relação lógico-causal entre os dois fatos, de tal forma que o segundo deriva do primeiro em virtude de uma regra máxima de experiência.[34]

Nenhum dos três poderes da República paira acima do Poder Constituinte, assim não há qualquer razão para rever imediatamente a execução da pena em segunda instância. É inegável que a interpretação dada à presunção de inocência e à questão do trânsito em julgado pela Suprema Corte não mudou o Brasil, como declarou à imprensa a presidente do STF, ao contrário, está voltando aos tempos da inquisição processual.

Ademais, a jurisprudência não tem o condão de alterar ou modificar a Constituição, uma vez que não detém competência para tanto. Configura princípio comezinho que no seu cerne existe uma regra de fácil compreensão: "Não será objeto de deliberação: a proposta de emenda tendente a abolir: (...) IV – os direitos e garantias individuais"

---

[34] VILELA, Alexandra. *Considerações acerca da presunção de inocência em Direito Processual Penal*. Coimbra: Coimbra Editora, 2005, p. 81.

(CF, art. 60, §4º, IV). Isso se dirige ao processo legislativo referido às emendas à Constituição.

Nessa linha de intelecção, a Constituição reserva o título II para disciplinar os direitos e as garantias fundamentais descritos no seu art. 5º e desdobrados em número considerável de parágrafos e incisos que não podem ser subestimados como miragens, como quer o juiz Moro. Ao contrário, ao Judiciário cabe assegurá-los de modo efetivo, que é o que cumpre fazer. Relembrando:

> LIV – ninguém será privado da liberdade ou de seus bens sem o devido processo legal;
>
> LV – aos litigantes, em processo judicial ou administrativo, e aos acusados em geral são assegurados o contraditório e ampla defesa, com os meios e recursos a ela inerentes;
>
> LVI – são inadmissíveis, no processo, as provas obtidas por meios ilícitos;
>
> LVII – ninguém será considerado culpado até o trânsito em julgado de sentença penal condenatória;
>
> (...)
>
> LXVIII – conceder-se-á *habeas corpus* sempre que alguém sofrer ou se achar ameaçado de sofrer violência ou coação em sua liberdade de locomoção, por ilegalidade ou abuso de poder (...).

Sendo certo que o julgamento do *habeas corpus* goza de primazia em face de sua aplicação e seu alcance, revelando-se remédio de largo espectro, sua pauta torna-se necessária e imediata diante do seu caráter emergencial. Não comporta, por isso, nenhuma delonga. Em razão disso, o pedido do ex-presidente Lula insere-se no contexto da parametrização, o qual exige um tratamento adequado. Portanto, não se pode esconder que a ele deve ser dispensado um tratamento adequado pelo ângulo da processualística.

Por conseguinte, é estranho e inconcebível que até o momento não tenha sido equacionado, padecendo, inclusive, de omissão em razão da forma como está sendo conduzido o processo. De fato, ao investigado resta tentar resolver o problema junto ao STF, desfraldando a bandeira do postulado da inafastabilidade da jurisdição: "a lei não excluirá da apreciação do Poder Judiciário lesão ou ameaça a direito" (CF, art. 5º, XXXVII). Já que, pelas mesmas fontes: "as normas definidoras dos direitos e garantias fundamentais têm aplicação imediata" (CF, art. 5º, §1º).

CAPÍTULO 3

CONTRIBUIÇÃO AO ESTUDO DA EXECUÇÃO DA PENA EM SEGUNDA INSTÂNCIA

Cumpre registrar algumas manifestações de juristas brasileiros e do exterior relacionadas ao presente caso. Todas elas são unânimes no sentido de que o processo que condenou o ex-presidente Lula não observou o *process of law* no tocante à instrução contraditória e à ampla defesa asseguradas pela Constituição da República. Luigi Ferrajoli,[35] um dos maiores juristas da Itália, de prestígio internacional, assegura que é irretocável a parcialidade do julgamento.

Já o ministro Celso Mello,[36] da Suprema Corte do Brasil, afirma que, além de não ser obrigatória a prisão antecipada, a sentença do juiz Moro se baseou apenas na Súmula nº 122 do TRF-4, que não é instrumento apto a fundamentar a decisão por ele prolatada e confirmada pela referida Corte. Nesse particular, eis os estudos produzidos a respeito do assunto com vistas à melhor compreensão da matéria dentro desta seção.

3.1 A concepção de Leonardo Isaac Yarochewsky

Leonardo Isaac Yarochewesky registra que o processo de condenação de Lula não tem caráter político, porque transita com exclusividade pelo campo jurídico. Enfatiza, por outro lado, que ele é nulo

---

[35] FERRAJOLI, Luigi. É clara a parcialidade no julgamento de Lula. *CartaCapital*, São Paulo, 18 jan. 2018. Disponível em: <https://www.cartacapital.com.br/politica/luigi-ferrajoli-e-clara-a-parcialidade-no-julgamento-de-lula>. Acesso em: 30 jan. 2018.

[36] MELLO, Celso de. Prisão antecipada não é obrigatória e exige fundamentação. *Consultor Jurídico*, 29 ago. 2017. Disponível em: <https://www.conjur.com.br/2017-ago-29/prisao-antecipada-nao-obrigatoria-exige-fundamentacao-celso>. Acesso em: 30 jan. 2018.

desde a origem, em razão das improbidades dele constantes, assim se posicionando:

> Quando centenas de juristas em todo o Brasil e no exterior criticam o processo que culminou na condenação do ex-presidente Luiz Inácio Lula da Silva, é preciso que a sociedade entenda que não é por uma questão política, mas, sobretudo, por uma questão de direito.
>
> O processo que decorre da famigerada operação "lava jato" e que foi conduzido na primeira instância pelo juiz da 13ª Vara Federal de Curitiba já nasceu eivado de nulidades, especialmente, no que se refere a incompetência e suspeição do juiz da 13ª Vara Federal de Curitiba.
>
> Ao confirmar a condenação do ex-presidente Lula e aumentar a pena para além de 12 anos o Tribunal Regional Federal da 4ª Região não só ratificou os abusos e arbitrariedades perpetrados pelo juiz de piso, como tentou legitimar um direito penal do inimigo sob o pálio de se estar combatendo a impunidade, notadamente, a corrupção.[37]

3.2 A concepção de André Luis Callegari

André Luis Callegari aduz que a aplicação do direito penal perdeu completamente o rumo, e, por isso, segundo ele, o sistema prisional está em crise. E a execução imediata da pena não irá resolver o problema da Constituição, muito menos o da impunidade, por falta de um controle eficaz dos mecanismos ofertados pelo direito penal.

> Só para fazer um parêntese, o problema da execução da pena após a decisão do colegiado não pode servir de paradigma para o Brasil, como muitos querem, apenas porque em outros países é assim. Não há como comparar, por exemplo, e principalmente, os sistemas carcerários dos diferentes países. Seguramente estamos diante de uma das piores crises no sistema prisional brasileiro. Querer executar penas imediatamente pensando que isso resolverá o problema da corrupção e da impunidade é uma quimera.
>
> (...)
>
> O Direito Penal tem a missão de proteger os bens jurídicos essenciais à sociedade e permitir a convivência pacífica entre os cidadãos. Já o processo serve de instrumentalização para a aplicação do Direito Penal,

---

[37] YAROCHEWSKY, Leonardo Isaac. À margem do Estado Constitucional não há direito e muito menos democracia. *Consultor Jurídico*, 30 jan. 2018. Disponível em: <https://www.conjur.com.br/2018-jan-30/yarochewsky-margem-estado-constitucional-nao-direito>. Acesso em: 7 fev. 2018.

mas respeitando a garantia máxima da presunção de inocência, aliás, esquecida já por muitos.

De fato, estamos sem rumo na aplicação do Direito Penal. A prisão é a regra e liberdade a exceção. As denúncias, na dúvida, são recebidas sobre o adágio do *in dubio pro societa* quando, na verdade, deveria ser ao contrário, ou seja, se há dúvida não pode haver processo. Porém, nesses casos, o réu que se defenda até o fim para provar sua inocência, como se o processo já não fosse um ônus pesado para ele.[38]

3.3 A concepção de Luigi Ferrajoli

Luiz Ferrajoli acaba de encaminhar uma carta aos brasileiros manifestando a sua preocupação pela forma como vem sendo conduzido o julgamento de Lula. Tal julgamento revela a ausência, segundo ele, de imparcialidade por parte dos atores da cena jurídica envolvidos, fato que é reconhecido pelo segmento da cultura democrática italiana.

Quero expressar minhas preocupações em relação às formas com que o julgamento contra o ex-presidente do Brasil, Lula da Silva, foi criado e conduzido.

A impressão que este processo desperta em extenso setor da cultura jurídica democrática italiana é aquela de uma ausência impressionante de imparcialidade por parte dos juízes e procuradores que o promoveram, dificilmente explicável se não com a finalidade política de pôr fim ao processo de reformas realizado no Brasil nos anos dos governos de Lula e Dilma Rousseff que retiraram da miséria 40 milhões de brasileiros.

Esta ausência de imparcialidade, favorecida pelo singular traço inquisitorial do processo penal brasileiro – a confusão entre o papel de julgador e o papel de instrução, próprio da acusação – é confirmada por numerosos elementos.

Um primeiro elemento é a campanha da mídia orquestrada desde o início do processo contra a figura de Lula e alimentada por um inaceitável protagonismo dos juízes, que se pronunciaram inúmeras vezes aberta e publicamente contra o ex-presidente fora do âmbito do processo, dessa forma manifestando contra ele uma hostilidade e um pré-julgamento que em qualquer outro sistema teria justificado a rejeição dos magistrados.

---

[38] CALLEGARI, André Luís. De fato estamos sem rumo na aplicação do Direito Penal. *Consultor Jurídico*, 29 jan. 2018. Disponível em: <https://www.conjur.com.br/2018-jan-29/andre-callegari-estamos-rumo-aplicacao-direito-penal>. Acesso em: 7 fev. 2018.

Um segundo sintoma de parcialidade dos magistrados foi a ativa promoção por parte do juiz das delações premiadas e a tendenciosa petição de princípio na avaliação das provas, geralmente assumidas como verdadeiras se de acordo com a acusação e como falsas se em contradição com as hipóteses acusatórias.

Finalmente, uma última razão de preocupação a respeito da ausência de imparcialidade do julgamento decorre da notícia, reproduzida com concordância e naturalidade por muitos jornais brasileiros, de que os juízes teriam acelerado a celebração do processo de segunda instância em relação aos tempos habituais dos processos ordinários a fim de chegar à sentença de condenação definitiva o mais rapidamente possível, impedindo dessa forma o ex-presidente, ainda muito popular, de se candidatar nas próximas eleições presidenciais.

A minha esperança obviamente é que os desenvolvimentos sucessivos deste processo desmintam estas preocupações. Roma, 15.1.2018.[39]

3.4 A concepção de Antônio Carlos de Almeida Castro

Segundo entendeu o renomado criminalista, a antecipação da pena se deu em processo de caráter subjetivo, razão pela qual não se vincula, necessariamente, a outros casos devido a sua provisoriedade. Dessa forma, restou desautorizada a Súmula nº 122 do TRF-4, porquanto a decisão deixou de fundamentar a ordem de prisão como determina a regra que rege matéria dessa natureza.

> De acordo com o ministro, a antecipação da pena foi decidida, em fevereiro de 2016, num Habeas Corpus, um processo subjetivo sem força vinculante para os demais casos. Portanto, vale a regra do inciso LVII do artigo 5º da Constituição Federal, segundo o qual ninguém pode ser tratado como culpado antes do trânsito em julgado da condenação. (…) Com a decisão, o decano do STF desautorizou a Súmula 122 do TRF-4, segundo a qual, depois da decisão condenatória de segunda instância, "deve ter início a execução da pena imposta ao réu". Segundo Celso, a decisão do TRF-4, nesse caso, se limitou a apenas citar o texto da súmula e a decisão do Supremo sobre a execução provisória, sem fundamentar a ordem de prisão do réu.
>
> Quando a operação "lava jato" começou, o setor estruturado do marketing fez uma opção que considerei infantil e maniqueísta, mas

---

[39] FERRAJOLI, Luigi. É clara a parcialidade no julgamento de Lula. *CartaCapital*, São Paulo, 18 jan. 2018. Disponível em: <https://www.cartacapital.com.br/politica/luigi-ferrajoli-e-clara-a-parcialidade-no-julgamento-de-lula>. Acesso em: 30 jan. 2018.

que se revelou eficiente. As pessoas que ousassem apontar excessos eram tachadas de contrárias ao combate à corrupção. Como se a dita operação fosse a solução dos problemas do Brasil, quase uma entidade divina para dar respostas a todas as perguntas existenciais do brasileiro, entoando: pergunte à "lava jato". Essa opinião falsa e covarde tomou ares de verdade. O que interessava era calar qualquer crítica. Com o sucesso, resolveram ir além. Usaram o prestígio da operação para encampar alguns projetos pessoais ou das instituições e aperfeiçoaram a estratégia. Tudo o que fosse contrário aos interesses era apontado como forma de tirar credibilidade. Essa ousadia se cristalizou com a espetacularização do processo penal.[40]

Por outro lado, ressaltou que quando do seu início a Operação Lava Jato fez uma escolha no setor de *marketing*, optando, em razão disso, por um caminho que considera maniqueísta, mas que, sem dúvida, revelou-se eficiente. Para ele, o mote da campanha era não estimular as manifestações dos que se opunham aos métodos excessivos por ela adotados, senão seus críticos seriam considerados como favoráveis à corrupção. Assim, segundo o jurista referido, a falsa propaganda se fortaleceu com a espetacularização do processo penal.

3.5 A concepção de Lenio Luiz Streck

Lenio Luiz Streck, por sua vez, realça a significativa importância da liberdade de ir e vir. Assim, ela não pode ser privada pelo simples fato de alguém pretender ir além da Constituição. Lembra, portanto, que sem prova material – registro no Cartório de Imóveis – não há como atribuir a alguém a propriedade de um imóvel.

O novo que "pede passagem" para o professor Falcão é entender como perfeitamente legítimo dizer que "a prova da propriedade está no comportamento registrado. E não no papel, na escritura A ou B. Simples assim". Será esse o "novo" que pede passagem? Não, caro mestre, não: a lei não entende assim. E a Constituição diz exatamente o contrário do que professor Falcão celebra nos novos magistrados: esta Constituição não permite ao magistrado – nem a ninguém – ir além do que o Poder Constituinte disse. Portanto, a propriedade terá que ser provada; eis o que é simples. Não há como se transformar a formalidade exigida

---

[40] CASTRO, Antônio Carlos de Almeida. A operação "lava jato" e o posto Ipiranga. *Consultor Jurídico*, 26 jan. 2018. Disponível em: <https://www.conjur.com.br/2018-jan-26/kakay-operacao-lava-jato-posto-ipiranga>. Acesso em: 26 jan. 2018.

pela lei em informalidade transmitida por juízes. Novamente por uma singela razão: a Constituição não nos permite esta informalidade, ainda mais para privar alguém de sua liberdade de ir e vir. (...) Em meio a tais abstrações inservíveis, deve ser registrada a contribuição intelectual brasileira, resultante de um dos raríssimos momentos de defesa da democracia e ampliação de direitos fundamentais do Poder Judiciário: a doutrina brasileira do Habeas Corpus, do começo do século XX, e que caminhou na direção oposta do que hoje se assiste, com o fim da presunção da inocência, da limitação dos recursos e inversão do ônus da prova.[41]

3.6 A concepção de Flávio Dino

Flávio Dino, ex-juiz federal e governador do Maranhão, tece críticas à forma como está sendo conduzido o processo de julgamento de Luiz Inácio Lula da Silva. E assim o faz com a sua autoridade de ex-presidente da Associação Nacional dos Juízes Federais e de ex-secretário-geral do Conselho Nacional de Justiça.

Vejam-se alguns trechos de sua entrevista concedida a Miguel Martins, para a *CartaCapital*:

CartaCapital: A unanimidade no julgamento de Lula e a coincidência entre as penas impostas pelos desembargadores o surpreendeu?

Flávio Dino: Foram realmente duas surpresas. Primeiro, sempre achei que jamais houve prova de crime algum. Mas, na pior das hipóteses, eu imaginava que eles iriam retirar a condenação por lavagem de dinheiro, porque é *sui generis* considerar que a própria OAS, detentora do imóvel, é laranja dela mesma.

Acho que houve acerto prévio, pois é atípico esse nível de concordância, a não ser que antes haja um ajuste. Claramente, houve um ajuste para evitar os embargos infringentes. O que torna ainda mais frágil a punição de quem julgou, da turma do tribunal.

CC: O senhor afirmou em sua rede social que o julgamento foi repleto de "defesas corporativas". Por quê?

FD: Os três julgadores estavam, aparentemente, mais preocupados em garantir a autoridade, a respeitabilidade e a honra da Justiça do que propriamente julgar o caso.

---

[41] STRECK, Lenio Luiz; LIMA, Martonio Mont'Alverne Barreto; CATTONI, Marcelo. O que é isto "o novo que pede passagem" do TRF4 e Joaquim Falcão? *Consultor Jurídico*, 26 jan. 2018. Disponível em: <https://www.conjur.com.br/2018-jan-26/opiniao-isto-passagem-trf-falcao>. Acesso em: 26 jan. 2018.

Ao contrário do que foi dito no início, foi um julgamento abstrato, inquisitorial de um pecador, e não o julgamento de um acusado de acordo com o processo penal contemporâneo com base em determinado crime e suas provas. Foi muito ruim, tanto na forma quanto no conteúdo. Acho uma peça jurídica muito frágil.

CC: O senhor acha que os tribunais superiores aceitarão esse acórdão?

FD: Acho que será revertido, mas não sei em que momento. Provavelmente, nos próximos anos eles vão considerar que neste caso não há prova de corrupção passiva e de lavagem de dinheiro. O crime de lavagem apontado é esdrúxulo. É o único caso de ocultação e dissimulação em que a propriedade do bem continuou com o próprio detentor (OAS), que seria laranja dele mesmo. É um negócio surrealista.

No caso da corrupção passiva, eles dizem que não precisa de ato de ofício. OK, mas é necessário que você demonstre que a suposta vantagem tem correlação com o exercício da função.

Isso é inexigível até de um juiz em sua vara. É impossível cobrar de um desembargador que ele conheça todos os atos de seu gabinete, do ponto de vista jurídico. Imagina se é possível cobrar isso de alguém que gerencia um país de mais de 200 milhões de habitantes. Não se pode presumir, é preciso provar.

CC: Os desembargadores buscaram negar que estivessem utilizando a Teoria do Domínio do Fato, Leandro Paulsen falou em "crimes específicos".

FD: Na verdade, eles julgaram com base em uma condenação prévia. Julgaram com base em um desígnio. (...) Esse foi o fundamento. O resto foi mero exercício vazio de retórica. Você espreme esse julgamento e não encontra nada.

CC: O senhor acredita que o juiz Moro decretará a prisão do Lula?

FD: (...) Não acredito que o STJ e o Supremo permitam isso. Mas que a vontade de prender está clara, sim, está clara. É um julgamento que cumpre aquilo que o próprio TRF4 criou.

CC: Como o campo progressista e o PCdoB devem enxergar as consequências eleitorais dessa decisão?

FD: Estamos diante de uma aplicação casuística do direito, o conjunto da obra mostra isso.

CC: O senhor acha que o impasse sobre a candidatura de Lula vai ser um tema central nas disputas estaduais?

FD: É, sem dúvida, um elemento poderoso. Não só no Nordeste, mas todo o processo político do País entra em uma era de brutal incerteza.[42]

---

[42] DINO, Flávio. Flávio Dino: penas iguais indicam "acerto prévio" no TRF4 contra Lula. *CartaCapital*, 25 jan. 2018. Entrevista concedida a Miguel Martins. Disponível em: <https://

3.7 A concepção de Frederico Rocha Ferreira

Para Frederico Ferreira, na condenação de Lula paira uma dúvida sobre se realmente houve ou não uma combinação de votos entre os desembargadores do TRF-4. Levanta a hipótese de que a condenação teve suporte "na norma anglo-saxã da 'dúvida razoável', a mesma que baseou a sentença em primeira instância do juiz Sérgio Moro".

Na condenação de Lula, uma "dúvida além do razoável" paira no ar. Dúvida razoável: os desembargadores do TRF4 combinaram os votos?

Na confirmação da condenação do ex-presidente Luiz Inácio Lula da Silva em segunda instância um fato chama a atenção: a justificação condenatória fundamentada na norma anglo-saxã da "dúvida razoável", a mesma que baseou a sentença em primeira instância do juiz Sérgio Moro.

Na leitura do voto, o desembargador João Pedro Gebran Neto, relator do processo, disse: "Há provas acima de dúvida razoável". O standard da "dúvida razoável" é amplamente aplicado nos países anglo-saxões, particularmente nos EUA (...).

Para o filósofo Larry Laudan, cuja visão é reconhecidamente importante no campo de pesquisa da falibilidade matemática, o uso do standard, da "prova além de uma dúvida razoável", "é um padrão incorreto, por não levar em conta os custos e os riscos de cidadãos inocentes serem condenados e criminosos serem postos em liberdade".

Geoffrey Robertson, que representa o ex-presidente na Comissão de Direitos Humanos da ONU e que atuou como promotor em ação de direitos humanos contra o general Augusto Pinochet e em acusações contra o cartel de Medellín, disse não compreender a conduta de Moro: "Como um juiz investiga, define grampos e ações de investigação e julga? Isso é algo inacreditável na Europa".

A ex-ministra da Justiça da Alemanha, Herta Daubler-Gmelin, disse que a confirmação da sentença contra Lula não prejudica apenas a credibilidade e a eficácia do combate à corrupção, mas revela a inexistência do Estado de Direito no Brasil. Enrique Yeves, da Organização das Nações Unidas para a Alimentação e Agricultura, disse que o crime real de Lula é ser neste momento o líder mais valorizado em um país em profunda crise. O jornal *The New York Times* observou parcialidade no julgamento do ex-presidente. Para o diário, "os promotores e juízes que atuaram no julgamento o fizeram de forma parcial, sem aderência à lei e violando as garantias do réu, constituindo

---

www.cartacapital.com.br/politica/flavio-dino-penas-iguais-indicam-acerto-previo-no-trf4-contra-lula>. Acesso em: 6 fev. 2018.

uma grande ameaça para a democracia", visão compartilhada por Paulo Sérgio Pinheiro, ex-ministro de Direitos Humanos do governo Fernando Henrique Cardoso, para quem, "apesar de os juízes tentarem mostrar que respeitam a democracia, o julgamento foi uma grande farsa".[43]

3.8 A concepção de Douglas Rodrigues da Silva

Douglas Rodrigues da Silva tenta estabelecer algumas premissas básicas a respeito da teoria de Claus Roxin, pouco compreendida por aqueles que dela se utilizam para interpretar e aplicar o direito, como agora ocorre com o pessoal da Lava Jato. Segundo seu ponto de vista, o jurista alemão limitou o conceito de autoria ao dizer que o autor é todo aquele que tenha contribuído para o delito na perspectiva da teoria da causalidade. Ressalta, por outro lado, que a preferência do Judiciário e do Ministério Público é pelo conceito de domínio da organização. Isso para justificar a responsabilidade penal de empresários e de agentes de órgãos públicos. Para tanto, tem-se de dominar o aparato do poder equidistante da ordem jurídica, com características de órgão terrorista, e dar ordens na certeza de que serão cumpridas. Diz o autor:

> Com essa construção, Claus Roxin apresentou um conceito restritivo de autor e, de certa forma, limitou e muito o alcance do conceito unitário de autoria, pelo qual autor é todo mundo que tenha, de alguma forma, contribuído ao delito dando causa ao mesmo (teoria causal) (...).
>
> Todavia, o conceito mais interessante apresentado por Roxin vai além da mera teoria do domínio do fato, mas deriva dela, e hoje se mostra como o fundamento *preferido do Judiciário e do Ministério Público brasileiros* na "cruzada" contra a corrupção, principalmente na tarefa de justificar a responsabilidade penal de diretores de empresas, chefes de órgãos públicos e demais detentores de funções de chefia por crimes ocorridos no interior das respectivas instituições. *O conceito consiste no conceito* de *domínio da organização*.
>
> (...) A teoria exige o atendimento a alguns pressupostos bem restritivos (...): i) dominar um aparato organizado de poder desvinculado da ordem jurídica (o que significa que seu nascedouro seja fora da ordem jurídica regular – a exemplo de grupos terroristas, máfias e Estados de Exceção); ii) possuir poder de mando (ser chefe de algo); e iii) poder emitir ordens

---

[43] FERREIRA, Frederico Rocha. Na condenação de Lula, uma "dúvida além do razoável" paira no ar. *CartaCapital*, São Paulo, 6 fev. 2018. Disponível em: <https://www.cartacapital. com.br/blogs/blog-do-socio/na-condenacao-de-lula-uma-201cduvida-alem-do-razoavel 201d-paira-no-ar> . Acesso em: 21 fev. 2018.

que serão cumpridas por executores fungíveis – o que culmina na certeza de execução da ordem, sem a necessidade de se ordenar algo diretamente ao executor, pois a execução da ordem será decorrência lógica da própria hierarquia da organização (LEITE, 2014, p. 139) (...). A responsabilidade penal, conforme essa teoria do *domínio da organização*, veda sua extensão ao âmbito empresarial e dos órgãos públicos. Com relação aos órgãos públicos, porque possuem organização e divisão de tarefas taxativamente previstas em leis e regulamentos, cujos executores são nomeados em portarias e demais atos administrativos – o que põe em xeque o primeiro requisito (organismo apartado da ordem jurídica) e o terceiro (certeza na execução da ordem por executor fungível) (...).

Destaque-se que o próprio Roxin, noutras oportunidades, asseverou que sua teoria não se aplica a organismos amparados na ordem jurídica (...).

Com isso, podemos dizer que teoria do domínio do fato não se resume numa fórmula simples (como quis o STF) e, mais, desdobra-se em diversos derivados que com ela não se confundem, como é típico caso da *teoria do domínio da organização*. O cotidiano forense, sobretudo quando olhamos para as decisões judiciais que têm emergido, clama por uma revisão no modo de ver e pensar o domínio do fato, pois *estamos errando... e muito.*[44]

3.9 Carta internacional dos advogados

Tarso Genro e outros juristas organizaram uma carta dirigida aos juristas do mundo todo dando conta do sufoco da ampla defesa. Querem com isso chamar a atenção para o que vem ocorrendo com o sistema de justiça brasileiro. De modo especial, colocou em evidência o caso do ex-presidente Lula, como se vê.

"O Estado de Direito em nosso país está sendo corroído", diz trecho da carta. Segundo os autores, são cinco os elementos que caracterizam esse processo:

1. instrumentalização política das "delações premiadas", com a cumplicidade majoritária da mídia, para dar direcionamento e seletividade ao vazamento de informações;

2. conduções coercitivas de caráter nitidamente político, desnecessárias e ao arrepio dos dispositivos processuais do Estado de Direito formal, com o visível intuito de desmoralizar lideranças políticas que sequer

---

[44] SILVA, Douglas Rodrigues da. Entenda, de uma vez por todas, o que é a Teoria do Domínio do Fato. *Canal Ciências Criminais*, 9 nov. 2016. Disponível em: <https://canalcienciascriminais. com.br/teoria-do-dominio-do-fato/>. Acesso em: 10 fev. 2018.

foram convidadas a depor, medida agora provisoriamente suspensa por decisão monocrática de ministro do STF;

3. prisões preventivas de longo curso, coativas, destinadas a buscar depoimentos especificamente contra o Presidente Lula, alvo preferencial dos Procuradores de Curitiba;

4. manifestação pública de juízes, desembargadores e ministros do Supremo Tribunal Federal, participando do contencioso político e muitas vezes adiantando opiniões e votos sobre processos que estão sob sua jurisdição;

5. humilhação pela mídia, de réus, investigados e presos, "julgando" os mesmos de forma antecipada, fora do processo, cortejando e promovendo à condição de heróis, os integrantes do MP e do Judiciário que dão suporte aos seus pré-julgamentos.

A carta, que já conta com mais de 600 assinaturas, foi organizada por Tarso Genro, Marco Aurélio de Carvalho, Carol Proner e Gisele Citadino, que devem encaminhá-la a organismos internacionais, como uma espécie de denúncia a respeito desse momento pelo qual passa o país com a criminalização e judicialização da política e com a politização do Judiciário.

Entre os brasileiros que assinaram o manifesto estão grandes juristas e advogados como Ricardo Lodi, Geraldo Prado, Alberto Toron, Pedro Serrano, Marcelo Nobre, Marcelo Neves, José Eduardo Cardozo e outros. Nomes de esquerda internacional como o português Boaventura de Souza Santos e a espanhola Pilar del Río, viúva de José Saramago, também aderiram ao documento.[45]

---

[45] DIREITO de defesa está sendo sufocado, afirmam advogados em carta internacional. *Consultor Jurídico*, 29 dez. 2017. Disponível em: <https://www.conjur.com.br/2017-dez-29/direito-defesa-sendo-sufocado-afirmam-advogados-carta>. Acesso em: 29 dez. 2017.

CAPÍTULO 4

A LEI DA FICHA LIMPA
E A INELEGIBILIDADE

4.1 A execução da pena em segunda instância

Dizer que a pena pode ser executada por antecipação perante o segundo grau de jurisdição é de um primarismo sem precedentes na história do direito brasileiro. Não só por caracterizar heresia jurídica, mas, principalmente, por constituir um punitivismo desregrado, calcado no mais abjeto fundamentalismo. É uma face cruel do direito penal do inimigo, concebido pelos apóstolos, justiceiros, recorrendo a provas recolhidas de delações premiadas com o mínimo de confiabilidade.

A prevalecer essa ideia assaz difundida pela mídia que atua em causa própria, os tribunais superiores perderão a serventia, embora seja verdade que se poderia reduzir os gastos com sua manutenção e seu funcionamento em valores deveras expressivos. Ademais, não há no ordenamento jurídico constitucional qualquer dispositivo que autorize a interpretação no sentido de que, também, o trânsito em julgado tenha sido revogado. Bruno Salles Pereira Ribeiro assim ajuda esse raciocínio:

> E ainda assim, um ministro do Supremo Tribunal Federal e outro do Superior Tribunal de Justiça usaram como argumento que menos de 1% das decisões dos Tribunais são reformadas nas instâncias superiores. Se esse número fosse verdadeiro, isso não soaria estranho? Não seria no mínimo curioso o fato de que a maioria esmagadora das decisões sempre pende para um dos lados? Afora que a própria existência desses tribunais deveria ser questionada, pois uma instância revisora que efetivamente revisa em menos de 1% das vezes nos parece uma grande perda de tempo e de dinheiro.[46]

---

[46] RIBEIRO, Bruno Salles Pereira. Judiciário é incapaz de ver suas incongruências e sua cultura punitiva. *Consultor Jurídico*, 17 fev. 2018. Disponível em: <https://www.conjur.com.br/2018-fev-17/bruno-salles-judiciario-incapaz-ver-incongruencias>. Acesso em: 17 fev. 2018.

Ora, a decisão do STF que permite que seja adotada essa sistemática obrou em equívoco, até porque assim não poderia fazê-lo, à mingua de competência para tanto. Por justo motivo, colocar matéria em pauta não depende da vontade de cada um que, eventualmente, ocupe uma posição de destaque no cenário jurídico, mas é de interesse público, devido ao fato de a questão se vincular aos direitos humanos, principalmente envolvendo o direito eleitoral.

Além do mais, a prudência recomenda dizer que o açodamento nas diligências policiais fere a dignidade do homem, e isso repugna aos que têm compromisso com o processo penal justo e sem espetáculos ridículos. Cumpra-se a missão de colocar os corruptos na cadeia, mas sem abusar do chamado direito de autoridade, sem humilhação à pessoa, mas com respeito ao ser humano. Acuda-se ao apelo de humanização feito pelo jurista René Ariel Dotti:

> Esse consórcio de propaganda enganosa produz inúmeros efeitos maléficos, individuais e sociais: subverte o princípio da presunção de inocência; estimula o preconceito contra o suspeito ou indiciado; arranca, mediante coação moral, delações, premiando o pacto imoral entre o Estado e o delinquente; (...) utiliza, sem pudor, a prova capturada ilicitamente; desatende, explícita ou implicitamente, o direito ao silêncio e desrespeita os advogados em pleno exercício de sua função essencial à administração da justiça.[47]

A José Jácomo Gimenes,[48] em sua crítica ao pensamento de Lenio Streck, não assiste razão. O texto constitucional é claro: sem o trânsito em julgado da sentença condenatória não que há falar em culpado. Diz ainda que o STF permitiu "a prisão do acusado já condenado em duas instâncias".[49] Esqueceu, entretanto, que o sistema jurídico é, também, dotado de instâncias superiores para que se conclua o ciclo do trânsito em julgado.

Se o STF está sobrecarregado de processos, como assegura o juiz, é porque a prestação jurisdicional das instâncias inferiores não

---

[47] HUNGRIA, Nélson; DOTTI, René Ariel. *Comentários ao Código Penal*: Dec.-Lei nº 2.848, de 7 de dezembro de 1940. Lei nº 7.209, de 11 de julho de 1984. 6. ed. Rio de janeiro: LMJ, 2014. p. 186.

[48] GIMENES, José Jácomo. Prisão após condenação de segunda instância não fere Constituição. *Consultor Jurídico*, 24 fev. 2018. Disponível em: <https://www.conjur.com.br/2018-fev-24/jose-jacomo-prisao-segunda-instancia-nao-fere-constituicao>. Acesso em: 24 fev. 2018.

[49] *Ibidem*.

vem satisfazendo aos demandados. E o direito subjetivo de recorrer é assegurado pela lei e pela Constituição. Ademais, na espécie, há de prevalecer a presunção de inocência e o devido processo legal, e é garantido plenamente o contraditório.

Assim, a "manutenção da histórica decisão da Suprema Corte" não faz o menor sentido, tampouco constituiu um avanço civilizatório. Ao contrário, trata-se de retrocesso, na medida em que cerceia o campo das possibilidades recursais. Dessa forma, é preciso compreender e captar a realidade factual antes de se emitir opinião a respeito de assunto cuja inserção na Constituição mostra a preocupação do constituinte com a avalanche de prisões arbitrárias, que já transformou o Brasil no país do encarceramento.

Tanto a sentença quanto o acórdão não demonstraram o nexo de causalidade entre o ato de propriedade do *triplex*, em termos de sua propriedade, bem assim o de ofício no caso da corrupção passiva (lavagem de dinheiro). Perdidos num emaranhado de papéis, nada produziram no sentido de mostrar quais os ilícitos praticados pelo ex-presidente da República. Daí a condenação trilhar o campo da injustiça.

Conquanto a execução da pena em sede de segundo grau seja um arranjo criativo de mentes vazias, não resiste à menor análise quanto a sua juridicidade, porquanto não encontra guarida no ordenamento jurídico-constitucional. Ademais, em hipótese alguma o Supremo pode negar vigência de postulado constitucional se sua missão é garanti-lo em toda a sua plenitude, sob pena de inverter a lógica do sistema legal, que deve operar sincronizado com o ordenamento normativo posto pelo legislador constituinte.

Essa "meia sola" na Constituição com a flexibilização de alguns de seus preceitos, inclusive imodificáveis, prejudica o entendimento que se deve ter do texto constitucional. Não é crível transformá-la em uma colcha de retalhos, o que nem o poder constituinte derivado pode fazê-lo. A novidade não ostenta qualquer legitimidade, até porque, se for o caso de a sociedade reivindicar, a Constituição somente poder ser emendada pelo constituinte originário.

A ruptura do ordenamento constitucional consiste, de fato, em um atentado contra os cânones da democracia e, portanto, não merece ser acolhida devido aos desalinhamentos do sistema jurídico no qual é conformada. Dessa forma, torna-se imperioso que se restabeleça a normalidade, o quanto antes possível, do direito maltratado, pelo que não poderiam fazê-lo. É o que se espera da Corte Suprema, colocando na pauta essa famigerada execução da pena em segundo grau a fim voltar o reinado da Constituição.

4.2 Do órgão colegiado e a inelegibilidade

Dois aspectos suscitados pela chamada Lei da Ficha Limpa avultam como da maior importância para o equacionamento da problemática. Um diz respeito à decisão por órgão colegiado no âmbito do processo penal, o outro versa sobre a inelegibilidade. É claro que a compreensão dessa lei passa por um exame de compatibilidade com o texto constitucional, objetivando a sua correta interpretação e aplicação no contexto da hermenêutica constitucional.

Dentro de uma percepção lógico-sistemática da Constituição, pelo ângulo metodológico, ao falar em órgão colegiado, na ótica judiciária, não nominou, taxativamente, qual seria o de segundo grau de jurisdição; assim, pressupõe-se que a lei aluda às quatro instâncias, aí incluindo-se os tribunais superiores. Isso guarda estreita relação de compatibilidade com a regra da Constituição Federal da presunção de inocência, ou seja, ao acusado garante exaurir as vias recursais, somente devendo ser considerado culpado após o trânsito em julgado da sentença penal condenatória.

Nessa perspectiva, o outro aspecto toca à questão referida da inelegibilidade e suas consequências. Dessa forma, cabe incursionar pela seara do direito eleitoral para seu deslinde. Assim, é factível admitir que o Tribunal Superior Eleitoral (TSE) possa ser acionado visando dirimir dúvidas sobre o tema ou mesmo decidir matérias por ocasião dos registros de candidatura e outros procedimentos.

4.2.1 A Lei da Ficha Limpa

A extremada injustiça que se pratica com um ex-presidente da República num procedimento baseado numa súmula, por ausência absoluta de elementos probatórios, e, ainda pior, conjugado com a deliberada necessidade de execução da pena em segundo grau de jurisdição, evidencia de maneira inquestionável a sua natureza sumária, inquisitorial, espetaculosa, cercada de um aparato midiático visando convencer uma parte desinformada da sociedade. É inexplicável, porque ninguém pode pressupor a rapidez, a celeridade ímpar, com que tramita o processo. Daí a séria advertência do juiz Gerardo Humberto Alves

Silva Júnior de que o Poder Judiciário não pode ser usado para fazer perseguição política:

> O Poder Judiciário não pode ser usado como instrumento de perseguição política. Esse foi o recado do juiz Gerardo Humberto Alves Silva Junior, da 2ª Vara Cível de Diamantino, ao Ministério Público de Mato Grosso, nos autos de uma ação civil pública que apura suposto ato de improbidade administrativa do ex-governador do estado Silval Barbosa, e ex-secretários de governo (...).
>
> "De outro norte, registro que não se deve pretender utilizar o Poder Judiciário como instrumento de perseguição política, a exemplo de *kangaroo court*, na vertente de se adotar posturas interpretativas para incriminar réus", afirmou. A expressão é utilizada nos Estados Unidos para designar um processo judicial injusto, tendencioso ou precipitado que termina em uma dura punição.[50]

O poder de persuasão dos mentores da Lava Jato e o peso da máquina judiciária na persecução processual revelam-se desumanos ao violentar, previamente, a dignidade do acusado. Se assim persistir essa perseguição implacável a um ser humano, torna-se imperativo a intervenção dos tribunais superiores para garantir a paridade de armas, retomando o processo penal onde se faça prevalecer os argumentos da *defesa*, e que nele se instaure, verdadeiramente, a instrução contraditória e a ampla defesa assegurada pela Constituição.

A bem da verdade, o julgamento transcorreu dentro de um clima ostensivo, cercado de uma aparato policial sem precedentes na história do Judiciário. Teve até um pedido de um prefeito inexperiente em assuntos de gestão pública requisitando a presença das Forças Armadas em Curitiba, no dia 24 de janeiro de 2018, no dia do julgamento de Lula. De tão ridículo, as autoridades nem tomaram conhecimento de tamanha insensatez, afinal, não havia nenhuma guerra, senão um clima de belicosidade criado artificialmente com propósitos de intimidação desnecessária.

Como se percebe, mesmo o ex-presidente Lula ocupando a posição de inocente no polo processual, nem isso foi levado em consideração. Nenhum reverência foi dispensada ao postulado da presunção de

---

[50] GALLI, Marcelo. Juiz de Mato Grosso avisa ao MP: Judiciário não serve para fazer perseguição política. *Consultor Jurídico*, 9 fev. 2018. Disponível em: <https://www.conjur.com.br/2018-fev-09/juiz-avisa-mp-judiciario-nao-serve-perseguicao-politica>. Acesso em: 9 fev. 2018.

inocência, senão às singelas explicações dos delatores, destituídas de quaisquer lastros probatórios. Apenas resquícios de indícios recheados de conjecturas e ilações fantasiosas de fatos equidistantes da realidade factual foram suficientes para o convencimento dos julgadores. Cabe invocar a narrativa de Franz Kafka em *Na colônia penal*: "Após o veredicto de uma personalidade de tamanho renome naturalmente torna impossível para mim tolerar um procedimento desses".

4.2.2 A questão semântica do termo "colegiado"

A Lei da Ficha Limpa, quando fala de órgãos colegiados, pressupõe que eles possam ser acionados em qualquer instância, desde a primeira até a quarta, ou seja, os tribunais regionais e os tribunais superiores (STJ, STF e, em matéria eleitoral, o TSE). Em lugar nenhum atribui esse encargo, exclusivamente, à segunda instância, até porque, se assim disciplinasse, estaria negando a vigência da Constituição.

Por conseguinte, o arsenal de recursos somente se esgota a partir do trânsito em julgado da ação penal condenatória, conforme a respeito dispõe a Constituição, que não permite a execução da pena no segundo grau de jurisdição, em face do princípio da presunção de inocência. Ora, o referido diploma normativo disciplinou o assunto de acordo com a Constituição de 1988. Dessa maneira, o investigado somente poderá ser considerado culpado, de modo definitivo, em última instância, portanto, quando passar pelo crivo dos tribunais superiores.

Nessa perspectiva, os requisitos e as condições de elegibilidade das candidaturas devem obedecer à regra prescrita no art. 16-A da Lei de da Ficha Limpa (LC nº 64/90 e LC nº 135/2010). A questão pode ser equacionada dentro dos parâmetros legais estabelecidos, aí incluindo-se o *habeas corpus*, a fim de evitar as prisões açodadas e ilegais sem fundamentação. Este pode ser acionado a qualquer momento. Não fica condicionado ao exame dos embargos declaratórios sob a apreciação do TRF-4, não sendo também incompatível com o sistema processual penal. Decorrente disso, a ordem não pode ser dada por eles antecipadamente, não só por uma questão hierárquica, mas, sobremodo, em homenagem ao devido processo legal.

Para a consecução desse desiderato, o ex-presidente Lula conta, ademais, com a garantia expressa do art. 26-C, I da LC nº 135, de 4 de janeiro de 2010:

Art. 26-C. O órgão colegiado do tribunal ao qual coubera apreciação do recurso contra as decisões colegiadas a que se referem as alíneas d e h j, i e n do inciso I do art. 1º poderá, em caráter cautelar, suspender a inelegibilidade sempre que existir plausibilidade da pretensão recursal e desde que a providência tenha sido expressamente requerida, sob pena de preclusão, por ocasião da interpretação do recurso.[51]

4.2.3 Inelegibilidade

A inelegibilidade,[52] por não constituir uma sanção, mas apenas uma condição de elegibilidade, por certo não afeta o processo eleitoral em si no particular aspecto de sua regularidade, nem a liberdade, nem a igualdade, tampouco põe em risco o direito dos inocentes de verdade. Ao contrário do que se propala, visa tão somente ao candidato de ficha suja que transita com desenvoltura no campo político-eleitoral, atuando sob o manto protetor da impunidade, alcançado pela intangibilidade das regras legisladas em causa própria e, ainda, premiado pela morosidade judicial perdida no emaranhado da burocracia processual.

Com efeito, *ser inelegível* é uma condição que se vincula a um comportamento contrário à moral e aos bons costumes. Dirige-se diretamente aos postulados da probidade e da moralidade, que devem ser preservados, a partir da exigência de um comportamento, ilibado e irrepreensível, aferido em função da vida pregressa do candidato ao mandato eletivo. Para seu deslinde, basta o cotejo entre o fato e o princípio protegido, independentemente do diploma legal, que se presta apenas como ponto de referência ao intérprete, que pode recorrer a elementos valorativos visando ao correto enquadramento da matéria objeto de verificação.

Por conseguinte, a temática envolvendo a inelegibilidade somente encontra ressonância na filosofia moral, nos princípios e na consciência republicana, que exigem da cidadania compromisso com a construção do processo democrático em consonância com os deveres e as obrigações que lhe são afetos nessa perspectiva. Justamente por esse motivo seu desate em função exclusiva de texto descritivo elaborado pelo legislador revela o uso de um repertório hermenêutico insuficiente

---

[51] BRASIL. *Lei Complementar* nº 135, de 4 de junho de 2010. Disponível em: <http://www. planalto.gov.br/ccivil_03/leis/lcp/lcp135.htm>. Acesso em: 22 dez. 2017.

[52] NASCIMENTO, Carlos Valder do. *A Lei da Ficha Limpa*. Ilhéus, BA: Editus, 2014, p. 63-64. (Estudo de Direito Público; 2).

que, pela sua limitação, não ilumina o trabalho de interpretação e aplicação do direito na busca incessante do seu aprimoramento.

Sua causa determinante é, pois, a vulneração do comando constitucional que protege os postulados ético-morais contra os que agem em desacordo com seus desígnios, os quais não se submetem ao crivo da temporalidade, pois sua força cogente emana diretamente da Constituição Federal, devendo, portanto, ser considerados a partir dela. Decerto, para bem exercer a cidadania, torna-se imperiosa a necessidade de escolha de candidatos qualificados, moral e intelectualmente.

De toda forma, os fatos passíveis de conformar a inelegibilidade não se esgotam no catálogo legal, tanto que sempre surgem novas hipóteses de espécies de inelegibilidade a exigirem do exegeta uma avaliação mais apurada à luz da natureza plural do direito. Isso porque, para sua delimitação, depende-se da conjugação de fatores preponderantes de ordem axiológica e normativa, não bastando apenas que estejam eles juridicizados ou não. Como se observa, trata-se antes de tudo de um imperativo de ordem moral. Quem não reunir as condições indispensáveis para o exercício do mandato eletivo não deve contar com o beneplácito do eleitor. Dirige-se, pois, ao aprimoramento do processo democrático republicano pela possibilidade de a escolha recair em candidatos probos, portanto, de incensurável vida pregressa.

Esvaziado de significado restaria o postulado dos bons costumes e, sobretudo, anulado o esforço dos eleitores de tentar fazer uma escolha melhor dos candidatos submetidos ao crivo das urnas, diante da discussão ao derredor da questão da arguição de irretroatividade sempre que se editasse uma lei agregando novas espécies de inelegibilidade. Isso sem dúvida frustraria a aplicação da regra consubstanciada no art. 14, §9º da Constituição Federal, que elege a probidade como situação *sine qua non* para o exercício de qualquer que seja o cargo público ou mandato popular.

4.2.4 A situação de estrutura jurídica que envolve o caso Lula

À vista da Lei da Ficha Limpa, não se vislumbra nada que possa obstacular o registro, no âmbito eleitoral, de qualquer candidato a pleito referido ao mandato popular. Pela mesma forma, enquanto tal registro não for denegado pela Justiça Eleitoral. Ademais, qualquer impasse com relação ao termo poderá ser resolvido até o mês de agosto do ano em curso.

O panorama atual não altera ou modifica a situação em que se encontram os possíveis somente no momento certo da eleição.

Isso porque naquela oportunidade é que se terá, possivelmente, uma resposta definitiva acerca da questão, incluindo, ainda, nessa hipótese, o caso Lula.

Como se disse, podem os interessados recorrer aos instrumentos processuais adequados à questão posta: embargos declaratórios com *efeitos infringentes* atribuídos pelo TSE. E, ainda, se versar sobre matéria constitucional, recurso ao STF. Registre-se que, se produzir efeitos infringentes, operará em caráter suspensivo, de forma automática, nos termos da lei, alcançando notadamente o instituto da inelegibilidade.

Esgotadas todas as hipóteses aqui aventadas, poder-se-ia partir para o campo da ação autônoma da *querella nulitatis*. Nesse aspecto, a ação de nulidade absoluta da sentença poderia ser acionada pelos interessados. Nela caberia arguir a inconstitucionalidade da decisão, com pedido de desconstituição da sentença ou do acórdão por inobservância do devido processo legal e negação da vigência da regra constitucional do princípio da presunção de inocência.

4.3 Acesso dos investigados aos tribunais superiores

Diante da regra de inafastabilidade da jurisdição, o candidato poderá recorrer aos tribunais superiores visando à suspensão da pretensão de inelegibilidade, em razão de poder invocar a seu favor o poder geral de cautela, na busca de um provimento liminar, com o qual possa manter incólume a sua candidatura. Há, na espécie, sem qualquer dúvida, uma situação *sub júdice*, na medida em que seu desfecho se dá, uma vez esgotados todos os recursos intentados, inclusive nas instâncias superiores, como garantido pela Constituição da República. A prevalecer a decisão do STF, há uma supressão e consequente violação injustificável do direito de defesa.

No estágio atual em que se encontra, operando em segundo grau de jurisdição, a inelegibilidade ainda está pendente de uso das vias recursais para satisfazer sua pretensão legítima, assegurando o devido processo legal com vistas a concorrer o pleito eleitoral em 2018.

Operando nessa linha, por sinal, desafia o *poder constituinte do povo* e lhe faz as vezes, ou melhor, como se tivesse competência para fazê-lo, criando por isso uma situação jurídica de instabilidade. Como se vê, o registro de candidatura não lhe pode ser negado, pela simples razão de que ainda não se sustenta a sentença, fundamentada erradamente na teoria do domínio do fato e o acórdão na Súmula nº 122 do TRF-4.

Transparece de uma clareza glacial que a decisão do segundo grau de jurisdição não é definitiva, porque não põe fim ao processo, como diz a Constituição. Pode ser derrubada ou não em sede de jurisdição superior por falta de fundamentação adequada e análise equivocada dos fatos através de um procedimento hermenêutico fundado em conjecturas, sem provas convincentes. E, ainda, instruído equivocadamente, com lastro na interpretação e aplicação da teoria do domínio do fato de Claus Roxin. Nenhuma lesão aos direitos fundamentais pode prosperar em detrimento da dignidade da pessoa humana. Assim, a revisão do sistema se impõe, pois, antes disso, não pode o candidato ser preso, muito menos ter declarada a sua inelegibilidade.

A decisão desfavorável ao ex-presidente Lula no TRF-4 não descarta a possibilidade de ele concorrer às eleições como postulador ao cargo de presidente da República. De fato, a Lei da Ficha Limpa fala em órgão colegiado, mas declina a segunda jurisdição, e, como tal, não diz expressamente qual é o órgão colegiado, pois, pelo que se sabe, existem os colegiados de terceiro e quarto graus (STJ, STF e TSE), aos quais ele tem o direito líquido e certo de recorrer. Nada o impede, porque ele somente pode ser considerado culpado depois do trânsito em julgado da sentença/acórdão, que poderão ser derrubados naquelas instâncias.

Vale acrescentar, ainda, que em matéria de registro de candidatura o assunto tangencia o campo eleitoral, assim ele poderá recorrer ao TSE, a quem compete decidir e declarar inelegibilidade. Nessa declaração, a Corte dirá se ele é ou não inelegível, porque é assim que dispõe a legislação que cuida da disciplina de assuntos eleitorais. Além disso, se ele estiver ameaçado de prisão, poderá se socorrer de um pedido de *habeas corpus* para trancar a ação penal.

4.4 Sem provas não se pode condenar ou culpar alguém

Por outro lado, a condenação de Lula teve sustentação em um aforisma anglo-saxão de duvidosa razoabilidade, tanto em primeira quanto em segunda instância. Trata-se de um modismo importado dos EUA que não se aplica ao processo penal brasileiro, pautado nos postulados da presunção de inocência e nos direitos fundamentais do cidadão.

É uma fórmula (*standard*) cuja interpretação e aplicação no direito se pautam em premissas prenhes de subjetividades falsas, adentrando o campo das probabilidades. Ora, já se dispõe de um sistema legal construído em sintonia com as leis e a Constituição, que dispensam metodologia alienígena. Adverte Lauren Larry: "é um padrão incorreto, por não levar em conta os custos e os riscos de cidadãos inocentes serem condenados e criminosos serem postos em liberdade".[53]

Por sua vez, Geoffrey Robertson, ao se reportar ao presente caso, afirma não entender a conduta de Moro: "como um juiz investiga, defende grampos e ações de investigação e julga? Isso é algo inacreditável na Europa".[54]

---

[53] LARRY, Laudan *apud* FERREIRA, Frederico Rocha. Na condenação de Lula, uma "dúvida além do razoável" paira no ar. *CartaCapital*, São Paulo, 6 fev. 2018. Disponível em: <https://www.cartacapital.com.br/blogs/blog-do-socio/na-condenacao-de-lula-uma-201cduvida-alem-do-razoavel201d-paira-no-ar> . Acesso em: 21 fev. 2018.

[54] ROBERTSON, Geoffrey *apud* JURISTA britânico critica procedimentos de julgamento de Lula no TRF4. Correio do Povo, 24 jan. 2018. Disponível em: <http://www.correiodopovo.com.br/Noticias/Politica/2018/1/640639/Jurista-britanico-critica-procedimentos-de-julgamento-de-Lula-no-TRF4>. Acesso em: 10 mar. 2018.

CAPÍTULO 5

O PRINCÍPIO DA PRESUNÇÃO DE INOCÊNCIA

5.1 Presunção de inocência e *status dignitatis*

A defesa efetiva não se compraz dentro de um contexto de pesquisas falsas, de enunciados desconectados do mundo fático. O amontoado de papéis de anotações feitas à revelia de pretensos fatos não serve ao conjunto probatório. Nesse diapasão, o contraditório não estabelece a relação de igualdade entre as partes, porque não há como se contrapor a uma acusação inepta destituída de suporte fático-jurídico.

A acusação reescreve o roteiro da obra de Franz Kafka: o processo qual se debruça na história de Josef K, submetido a um procedimento inquisitorial sem saber a mínima razão pela qual estava sendo processado. Esse processo kafkiano inaugura o processo penal de exceção na contemporaneidade que atinge de maneira frontal o acusado, desprovido do mínimo direito de defesa.

As operações promovidas pela Lava Jato trilharam por sendas desconcertantes, de sorte a revelar os descaminhos em que se enrascaram no campo da processualística. A subprocuradora-geral da República, Ela Wiecko de Castilho, é a primeira a reconhecer os desvios da Lava Jato ao seguir "caminhos de exceção, e que se relativizam direitos na escolha dos alvos da investigação".[55]

Isso demonstra de forma cabal a absoluta ausência do garantismo na relação processual. Aplica de forma enviesada a teoria do domínio do

---

[55] LUCHETE, Felipe. Ex-candidata a PGR, Ela Wiecko diz que "lava jato" passou dos limites. *Consultor Jurídico*, 31 ago. 2017. Disponível em: <https://www.conjur.com.br/2017-ago-31/ex-candidata-pgr-ela-wiecko-lava-jato-passou-limites>. Acesso em: 3 set. 2017.

fato e fomenta o direito do espetáculo ao agir de acordo com interesses que não são os da sociedade, para a punição dos infratores com penas exageradas.

As decisões de primeira instância não são de todo definitivas, pois, em inúmeros casos, não implicam realização do direito justo. É que os julgadores, embora em contato com a matéria de direito, nem sempre o interpretam de acordo com os fatos. Pela mesma forma, isso ocorre com ações que dependem de produção de provas.

É óbvio que as sentenças prolatadas nesse grau podem ser revisadas. Todavia, a partir da decisão do STF, poderão ser executadas no segundo grau de jurisdição. Mas essa nova sistemática não assegura que a análise promovida nessas circunstâncias esteja correta ao suprimir o acesso ao STJ.

Por outro lado, nada assegura que a questão discutida tenha tido um desfecho capaz de evidenciar sua justeza. Desse modo, deverá ser revista, colocando a jurisprudência do STF no caminho certo de respeito à Constituição, que a ele compete garantir não seja maculada com seu descumprimento.

Não resta dúvida de que o chamado trânsito em julgado deva ser cumprido rigorosamente. Seguindo a Constituição Federal, "ninguém será considerado culpado até o trânsito em julgado de sentença penal condenatória" (CF, art. 5º, LVII). Trata-se, pois, de uma regra inafastável, por constituir o postulado maior da presunção de inocência, que vem sendo maltratada pela Operação Lava Jato.

5.2 Presunção de culpabilidade e *in dubio pro reo*

Como se observa, o processo penal encontra-se em sério estágio de retrocesso, que remonta aos áureos tempos do Iluminismo, por volta do século XVIII, quando estava em pleno apogeu. Orientando-se pela presunção de culpabilidade, revela sua faceta nitidamente de caráter inquisitorial, que, na contemporaneidade, vem sendo seguido pelo aparato judicial brasileiro, que busca ressuscitar esse cariz, ao tentar quebrar a força do princípio da presunção de inocência.

Por conseguinte, o Estado de exceção que insinua a prática de arbitrariedades tenta impor sua autoridade à liberdade do cidadão. É por isso que os juristas brasileiros de todas as escolas têm evidenciado a necessidade de conter esse ímpeto implacável da persecução penal que faz retroceder aos tempos da inquisição. E a indignação vem sensibilizando outros críticos de fora do país a condenarem essa prática de violência contra a dignidade da pessoa humana.

Essa patologia detectada nos processos da espécie tem uma conformação, assim se afastando cada vez mais do devido processo legal. Percorre os caminhos kafkianos, dispensando o cumprimento das garantias processuais e dos comandos constitucionais. A esse respeito, Alexandra Vilela traz subsídios objetivando definir a presunção de culpabilidade como tônica do processo, que é:

> Caracterizado pelo fato de um mesmo órgão-juiz-acumular as funções de instrução, acusação e julgamento, ocupando inquestionavelmente uma posição de superioridade sobre o arguido (investigado), que aparece desnudado de qualquer tipo de garantias. É também um processo totalmente escrito, secreto e em grande medida *sem* contraditório (grifo nosso).[56]

A reação contra essa modalidade de processo inquisitorial surge com a obra *Dei delitti e della pene*, de Cesare Beccaria, que interroga:

> Qual é, pois, o direito, se não o da força que dá potestas ao juiz para impor sua pena ao cidadão enquanto há dúvidas se é réu ou inocente? Não é novo esse dilema: Ou o crime é certo ou incerto. Se certo, não convém que se lhe aplique outra pena diferente daquelas que se encontram previstas na lei, e é inútil a tortura porque inútil a confissão do réu; se é incerto, *não se deve atormentar o inocente*, pois ele é, segundo a lei, um homem *cujos delitos não estão provados*[57] (grifo nosso).

A Declaração Universal dos Direitos Humanos, aprovada pela Assembleia Geral das Nações Unidas, em 10 de dezembro de 1948, no seu art. 11, nº 1, assegura: "Toda pessoa acusada de um ato delituoso presume-se inocente até que a sua culpabilidade fique legalmente provada no decurso de um processo público em que todas as garantias necessárias de defesa lhe sejam asseguradas".

Por caracterizar a presunção de inocência um postulado da processualística penal, vincula-se, visceralmente, com o juízo de fato da sentença penal, com reflexo no plano probatório, que cabe à acusação fazer e que tem como consequência a absolvição do investigado se não restar provada a culpa que lhe foi atribuída.

---

[56] VILELA, Alexandra. *Considerações acerca da presunção de inocência em Direito Processual Penal*. Coimbra: Coimbra Editora, 2005.

[57] BECCARIA, Cesare. *De los delitos y de las penas*. 2. ed. Bogotá: Themis, 1990, p. 21.

5.3 Presunção de inocência e execução antecipada da pena

A execução da pena em segundo grau de jurisdição não tem o menor sentido, na medida em que subverte a ordem jurídico-constitucional. É a confirmação esdrúxula do ato ilícito que lhe está sendo imputado sem qualquer certeza quanto a sua materialidade e autoria, ou seja, o cidadão é taxativamente culpado sem ao menos lhe ser conferido o benefício da dúvida. É uma construção jurisprudencial, matizada de autoritarismo, destituída de qualquer fundamento que justifique a sua aplicação num universo jurídico estabilizado.

Isso significa ausência de lógica no raciocínio desenvolvido ao alvedrio do sistema legal vigente neste país. O poder de decidir da Suprema Corte tem limites, inclusive, em razão da separação dos poderes, com funções distintas enumeradas na Constituição, que não avaliza iniciativa dessa natureza, contrária, pela sua própria natureza, ao esforço de se fazer justiça. Pela mesma forma, não abona a tese suprema emanada da Corte equidistante da equidade de que todos sejam condenados por antecipação, despojados de provas que os incriminem.

Há de se esgotar todas as instâncias recursais, como, aliás, permitidas pela processualística, a fim de possibilitar concretamente que alguém possa ser considerado apenado em função de ato ilícito devidamente comprovado. Tal somente ocorrerá a partir do trânsito em julgado de sentença penal condenatória. Esse comando está inscrito no art. 5º, LVII, da Carta Política. Quem assegura essa garantia é o *poder constituinte do povo*,[58] autoridade que paira acima dos poderes constituídos para decidir acerca de matéria dessa envergadura.

Nem se diga que a jurisdição contramajoritária possa mitigar essa situação criada pelo STF ao desafiar a soberania popular e ir de encontro à Constituição. O Estado de Direito não comporta retrocesso desvelado pela improvisação. Logo ele que se assenta no pilar de sustentação do respeito pleno à dignidade da pessoa humana devidamente amparada pela República Federativa do Brasil e pelas declarações de tratados e

---

[58] Richard A. Posner adverte que "(...) o público pode ser levado a perder o interesse pela Constituição se o domínio da interpretação constitucional for monopólio de uma casta de juízes. A mensagem que o controle judicial de constitucionalidade transmite ao público é a de que a Constituição é assunto de juízes, não do povo". O controle judicial de constitucionalidade é paternalista e antidemocrático. Ele alça os juízes da Suprema Corte ao papel de regentes de uma população tida como incapaz de governar a si própria por causa de sua ignorância, suas paixões, seus preconceitos e sua falta de princípios (POSNER, Richard A. *Fronteiras da Teoria do Direito*. São Paulo: WMF Martins Fontes, 2011, p. XXX).

convenções internacionais de direito cujas regras têm sua inserção no direito constitucional por anuência do governo brasileiro.

Decerto, o Estado democrático exige certo grau de estabilidade nas suas relações sociais, as quais se refletem, no sistema político, na persecução da igualdade entre os diversos segmentos da sociedade. A solidariedade e a justiça são apanágios que visam preservar a harmonia e a convivência fraterna entre as pessoas. Isso é da maior significação para o equilíbrio que deve nortear as transformações das relações sociais. Essa é uma função interessante, pois "a vantagem da democracia é sua capacidade de servir de mediadora entre a igualdade e a estabilidade".

Resta, pois, lamentar o posicionamento do STF a respeito dessa matéria de grande relevo para o cidadão. Com a flexibilidade do princípio da presunção de inocência, a referida Corte quebrou a autoridade moral da Constituição. Por conseguinte, uma vez constatado o equívoco dos ministros, restabeleça-se o *status quo ante*, a fim de cumprir os desígnios da constitucionalidade.

O erro deve ser reparado a fim de que se restabeleça a ordem constitucional, violada exatamente por quem tem o dever de guardá-la a bem da democracia. Não se pode dela afastar-se um milímetro sob pena de perpetuar a injustiça ao permitir a pena por antecipação. O mandamento da CF é de uma clareza glacial, não podendo ser ofuscado pela sombra do poder deslumbrado pelo aplauso do acusador implacável. Vale coibir, pela mesma razão, como quer a OAB, a oferta de denúncia sem a devida caracterização dos fatos ou das provas colhidas na fase de investigação.

A decisão em questão coloca em perigo uma das coisas mais sagradas da vida humana, que é a sua liberdade. É óbvio que isso caracteriza uma injustiça extremada que não se confunde com o direito. De fato, "el derecho es una obra humana impregnada de valor y que solo puede ser comprendida a través de sua Idea, o sea es un fenómeno cultural", "es decir, un hecho relacionado a un valor".[59]

Nesse diapasão, não há como invocar a injustiça do preceito constitucional que não permite a execução antecipada da pena, porque a serviço de sua concepção axiológica. A pretensão de culpabilidade buscada de modo antecipado ainda não se acha presente. Assim, a correção deve ser feita a fim de evitar a insegurança como fator de instabilidade na aplicação de casos futuros.

---

[59] VIGO, Rodolfo L. (Coord.). *La injustiça extrema no Derecho*. México: Fontamara, 2008, p. 23, 24.

Em nenhum lugar da Constituição há qualquer dispositivo que impeça o manejo de recursos para os tribunais superiores, quer ordinário, quer extraordinário. Negar essa possibilidade, portanto, seria o mesmo que negar a vigência da Constituição, além de caracterizar uma afronta ao *process of law*. A propósito, em artigo publicado no Brasil, Luigi Ferrajolli socorre o ponto de vista aqui expendido, como se observa a seguir:

> Existem, no Brasil, garantias do devido processo legal?. A reposta é não, tanto no caso do *impeachment* de Dilma Rousseff *quanto na perseguição ao ex-presidente Lula*. A cultura jurídica democrática italiana está profundamente perplexa com os acontecimentos que conduziram ao processo de *impeachment* da presidente Dilma Rousseff e ao processo penal contra Lula. Tem-se a impressão de que esses acontecimentos sinalizem preocupante carência de garantias e uma grave lesão aos princípios do devido processo legal dificilmente explicáveis se não com a finalidade política de pôr fim ao processo reformador realizado no Brasil nos anos da presidência de Lula e Dilma Rousseff, que tirou da miséria 40 milhões de brasileiros.[60]

Por conseguinte, a decisão tomada pelo STF não tem o condão de forçar sua observância por outras instâncias que professam pensamento diferente, porque atinge direito líquido e certo dos litigantes nessa seara processual, e ainda matéria não sumulada com caráter vinculante. Por justa razão, as vias recursais permanecem abertas aos que se julgarem prejudicados por tal entendimento de congelar o trânsito em julgado em segunda instância em detrimento do sagrado direito de defesa assegurado daquele que se vê perseguido pelo processo penal de exceção.

Seja como for, nada impede a interposição de recursos a partir do procedimento de revisão da sentença, porquanto se assim não fosse poderia caracterizar cerceamento de defesa, em prejuízo dos investigados de se valer de todos os recursos inerentes ao contraditório. Com efeito, a presunção de inocência configura um princípio da maior relevância como garantia dos direitos individuais. E, sobremodo, de proteção da liberdade dos cidadãos, que não pode ser conspurcada por obstáculos no exercício pleno de defesa do investigado e no acesso à instância *ad quem*.

---

[60] FERRAJOLI, Luigi. Existem, no Brasil, garantias do devido processo legal? *CartaCapital*, São Paulo, nº 979, 16 nov. 2017. Disponível em: <https://www.cartacapital.com.br/revista/979/existem-no-brasil-garantias-do-devido-processo-legal>. Acesso em: 22 nov. 2017.

O Estado de Direito há de prevalecer em quaisquer circunstâncias, como solução da problemática suscitada pela democracia. Daí a inafastabilidade da jurisdição por ele preconizado no nível constitucional. Tal cláusula timbra pelo seu caráter de imodificabilidade, por se tratar de um direito fundamental a serviço da pauta axiológica que ilumina o Direito Constitucional brasileiro em toda a sua plenitude de vigência para todos que acreditam na justiça e que por isso juraram solenemente defender a Constituição da República.

5.4 A presunção de inocência como garantidora de direitos fundamentais

Nem se diga que, aqui, não cabe a invocação do princípio da presunção de inocência, porque, na verdade, este se insere no texto constitucional como um instrumento *garantista* dos *direitos fundamentais*. Servem, então, para ao menos mitigar, em face de seu caráter precário, o sofrimento moral e psicológico do investigado. Está assentado na Constituição como elemento probatório (*in dubio pro reo*), cujas implicações coíbem a restrição de direitos por ela segurados a fim de evitar a execução antecipada que se traduz numa condenação injusta.

Não há, pois, como dar primazia à culpabilidade em qualquer que seja o procedimento. A presunção de inocência, por encarnar um direito garantido constitucionalmente, não pode ser afastado por nenhuma iniciativa do Judiciário. Assim, o STF a ele se vincula, e também se dirige ao "legislador ordinário, impondo-lhe que as normas penais não consagrem presunções de culpa e que não façam decorrer a responsabilidade penal de factos apenas presumidos".

José Souto de Moura fala dessa situação pela qual passa a pessoa investigada:

> Como bem apontou Carnelutti, a justiça humana, é de tal modo precária, que não só faz sofrer as pessoas depois de condenadas, como as faz sofrer para se saber se hão-de ser condenadas (...). Ora, os actos graciosos cometidos durante o processo contra o arguido, que se verificou depois estar inocente, surgirão como inadmissível, já que produziram uma lesão de interesses imerecida e irreversível. Lesão sofrida por alguém que em nada contribui para criar a situação de que foi vítima. Este pensamento parece ser suficiente para que o tratamento preferível durante o processo seja de inocência e não de culpabilidade.[61]

---

[61] MOURA, José Souto de. A questão da presunção de inocência do arguído. *Revista do Ministério Público*, Lisboa, ano 11, nº 42, 1990, p. 35.

Nessa linha, o Tribunal Constitucional de Portugal assentou que:

> O processo penal de um Estado de direito há de cumprir dois objectivos fundamentais: assegurar ao Estado a possibilidade de realização de seu *inspuniendi* e oferecer aos cidadãos as garantias necessárias para os proteger contra os abusos que possam cometer no exercício do poder positivo, designadamente contra a possibilidade de uma sentença justa.[62]

Infere-se pelo conjunto probatório derivado da apuração dos fatos recolhidos no curso do processo que não se verificou a efetividade da instrução contraditória. Não se efetivou a ampla defesa, razão pela qual implica ressaltar a relevância do princípio da presunção de inocência em face de que não pode se desvincular dos elementos de prova exigida para a consecução do direito justo.

Para Alexandra Vilela:

> Há, na presunção, um fundamento lógico que repousa na idéia da probabilidade racional de que venha a acontecer o fato presumido, uma vez verificado o fato real. Em síntese, a presunção em sentido técnico caracteriza-se estruturalmente pelo fato de ser composta por três elementos: o fato base, o fato presumido e a relação lógica-causal entre os dois fatos, de tal forma que o segundo deriva do primeiro em virtude de uma regra máxima de experiência.[63]

E acrescenta a referida autora:

> Um apelo para sua presunção assalta-nos e eis que a reconhecemos como uma conquista histórica que, apesar de contestada desde a sua origem, nem por isso foi afastada dos ordenamentos jurídicos modernos europeus e não só, apenas não sendo pacífico o seu conteúdo que "representa sobretudo um ato de fé no valor ético da pessoa, próprio de toda sociedade livre". É um princípio que pertence, também, ao leque de princípios fundamentais de qualquer processo penal em um Estado de direito, traduzindo, isso mesmo, o fato de a presunção de inocência se encontrar consagrada no art. 11, nº 1, da DUDH.[64]

---

[62] TRIBUNAL CONSTITUCIONAL DE PORTUGAL. 2ª Seção. Acórdão nº 172/92, de 6 de maio de 1993. *Boletim do Ministério da Justiça*, nº 427, 1993, p. 57.

[63] VILELA, Alexandra. *Considerações acerca da presunção de inocência em Direito Processual Penal*. Coimbra: Coimbra Editora, 2005, p. 81.

[64] *Ibidem*, p. 87-88.

Dentro da democracia que caracteriza o Estado de Direito não cabe o Estado forte e autoritário, daí a necessidade de se reconhecer na presunção de inocência a sua eficácia pluridimensional. Assim, como não se conseguia provar a culpabilidade do ex-presidente Lula, não há como infringir a pena de crimes que não cometeu, pelo ângulo processual, segundo Alexandra Vilela:

> A presunção em sentido técnico caracteriza-se estruturalmente pelo fato de ser composto por três elementos o fato-base e o presumido e a relação lógica causal entre os dois fatos, de tal forma que o segundo deriva do primeiro em virtude uma regra máxima de experiência.[65]

O traço dominante do processo penal configura o juízo de condenação antecipada usando elementos irrelevantes para tanto. O aspecto superficial atribuído ao sistema processual releva a parcialidade como ele é conduzido. Não se sustenta em provas robustas, mas em meros fragmentos retirados de depoimentos prestados em juízo sem aferir sua veracidade.

5.5 O núcleo imodificável do texto constitucional

Presunção de inocência, em sendo um direito fundamental, configura *cláusula pétrea*, como estabelecido pelo poder constituinte emanado do povo, e, portanto, tem legitimidade para ditar uma Constituição à altura das aspirações e dos anseios da sociedade. Compete-lhe ainda reservar determinadas matérias para a legislação ordinária. Ainda assim, a discricionariedade do legislador encontra limites no plano legislativo, na medida em que certos assuntos não podem ser objeto de deliberação e aprovação.

O processo legislativo não está imune à interferência estranha e a pressões de outros poderes na feitura das leis, induzindo a um comportamento inadequado. A contribuição previdenciária do inativo é demonstração cabal dessa assertiva. Para sua aprovação, o poder executivo empregou recursos do contribuinte para os votos que a assegurassem com o beneplácito do Supremo Tribunal Federal, episódio que ficou conhecido como Mensalão.

---

[65] *Ibidem*, p. 81.

A estrutura do *princípio da presunção de inocência* ganha relevo dentro do concerto dos direitos fundamentais. Sua inserção na esfera normativa engendra uma garantia de proteção devidamente fundamentada. Tanto isso é verdade que convergem para sua conformação normas legais constitucionais e da Corte Americana de Direitos Humanos em plena sintonia com a ordem jurídica.

Não assiste razão a Carlos Henrique Abrão, quando assevera que: "A justiça não é rápida a ponto de dar uma solução de culpado ou inocente de imediato (...)".[66] Isso evidencia a morosidade da justiça. Na verdade, o que se vê nas decisões judiciais é a presença do tecnicismo jurídico venerativo do positivismo jurídico recheados de transcrições jurisprudenciais. Então os recursos são necessários para fortalecer o contraditório.

Tal decisão, conquanto absolutamente equivocada, traz à tona a questão da inutilidade das cortes superiores. Somente assim é que se poderia compreender a posição de retrocesso do STF, até porque deveria antes declarar a inconstitucionalidade da regra constante do art. 283 do Código de Processo Penal. Além do mais, nada autoriza afirmar que uma sentença confirmada pelo segundo grau de jurisdição exale o *fumus boni iuris*.

Agora, porém, o erro manifesto está com o Supremo Tribunal Federal ao promover a inversão do princípio do estado de inocência pela presunção de culpabilidade. Daí, a estranheza do papa Francisco no México: "É engano acreditar que temos segurança e ordem social perdendo pessoas". E acrescenta: "as prisões são um sintoma de como estamos na sociedade".[67]

A *presunção de inocência está na lei, na Constituição Federal e nas convenções internacionais* e, portanto, é um princípio de proteção que não pode ser pura e simplesmente revogado pelo Supremo Tribunal Federal. O Supremo não pode tudo nem está acima do poder do povo (constituinte). Se for de sua alçada guardar a Constituição, não lhe cabe desfigurar seu texto, pois sua decisão não convence nem toca os espíritos altruísticos.

---

[66] ABRÃO, Carlos Henrique. Decisão do STF sobre prisão em segundo grau é mero justa guinada. *Consultor Jurídico*, 22 fev. 2016. Disponível em: <https://www.conjur.com.br/2016-fev-22/carlos-abrao-decisao-stf-prisao-grau-justa-guinada>. Acesso em: 22 fev. 2016.

[67] OLIVEIRA, Siro Darlan de. As palavras de Francisco em momento de barbárie após decisão do Supremo. *Consultor Jurídico*, 20 fev. 2016. Disponível em: <https://www.conjur.com.br/2016-fev-20/siro-darlan-palavras-francisco-contraste-supremo>. Acesso em: 20 fev. 2016.

É da essência do *princípio da presunção de inocência* a sua intocabilidade, porque tangencia a dignidade da pessoa humana, que não deve ter sua liberdade cerceada no direito de ir e vir. Essa *cultura do encarceramento exacerbado em penitenciárias, uma versão contemporânea e caricata das masmorras medievais*, não conhece limites e contagia por veicular a falsa promessa de que exterminará a impunidade, entretanto, não é bem assim, porque esta *constitui um subproduto dos privilégios atribuídos aos poderosos de toda ordem.*

A ideia assaz difundida de que essa prática previne o bem jurídico tutelado é mera fantasia alimentada por uma proposição enganosa. Em suas linhas gerais não convence, não prospera, não contenta ao esforço de justiça e, principalmente, não convence em razão de sua provisoriedade nem toca os espíritos e a sensibilidade do fazer judiciário equidistante do direito posto e pressuposto.

O princípio permite a paridade de armas e, como tal, deve contemplar os fracos e oprimidos e os que estão sendo investigados ou presos sem causa justa. E as "autoridades" responsáveis pelas arbitrariedades e *contra os inocentes* transferem seus atos para o Estado. Mas é preciso dizer que, uma vez denunciados os excessos, recebem a resposta fascista: "quem não deve não teme".

A decisão da Corte é um *veredicto*, uma *advertência*, uma tendência à simplificação inconsequente, um *atentado ao direito de defesa* assegurado pela Constituição Federal. Dessa forma, desserve à causa da justiça pelo esvaziamento de duas instâncias superiores. Se assim prosperar essa tendência, quais serão as funções das cortes superiores? *Restabeleça-se o primado da constitucionalidade!*

A questão instrumental não tem o condão, em face do seu caráter meramente operacional e, portanto, adjetivo, de subverter o conteúdo substantivo da norma. Essa inversão de valores põe em xeque os princípios e valores cultivados pelo constitucionalismo de realizar em prol do homem como destinatário de toda normatividade.

Em verdade, não sendo o processo um fim em si mesmo, como querem os mais afoitos, até a desculpa da colaboração, de que elimina a morosidade e a impunidade, não passará de mera falácia. Assim, não deve focar equidistante da equidade no equacionamento dos casos concretos. Daí não terem absolutamente nenhum sentido decisões que não se pautam pelo direito, mas concorrem para os sobressaltos dos que são apanhados pelo açodamento, portanto, de surpresa no caminho da supressão de sua liberdade.

A propósito, em decisão prolatada recentemente pelo Supremo Tribunal Federal, equivocada, diga-se a bem da verdade, acaba de inovar sua jurisprudência sedimentada no plano da execução penal. E assim o fez no campo da flexibilização do princípio da presunção de inocência, para admitir a "execução precoce, da pena, sem ter-se a culpa devidamente formada".[68]

Trata-se, portanto, de uma violação da cláusula de proteção ínsita no texto constitucional, ali inscrita como garantia fundamental, entre tantas outras, que discrimina o dispositivo consubstanciador de sua relevância. Sua leitura e a absorção de quanto veicula o discurso linguístico por ele projetado no universo jurídico dispensam interpretação, tem presente cuidar de um princípio comezinho ao alcance de qualquer leigo.

Esqueceram os juízes da Suprema Corte de Justiça que a liberdade constitui o bem mais precioso da humanidade e não pode ser conspurcado nem menoscabado E, no futuro, se for inocentado o injustamente preso, quem responderá pelos danos morais, pela dor e pelo sofrimento dos oprimidos, causados por decisão alimentada pela iniquidade sem o menor embasamento constitucional?

Certamente vão jogar a culpa em cima do Estado, porque não têm a coragem de assumir o risco pelo dano espiritual causado ao cidadão.

---

[68] SUPREMO TRIBUNAL FEDERAL. *Habeas Corpus* nº 126292-SP. Rel. Min. Marco Aurélio. Brasília, 17 fev. 2016.

CAPÍTULO 6

O DEVIDO PROCESSO LEGAL

6.1 O caráter de parcialidade do julgamento

Causaram certa perplexidade no seio da cultura jurídica italiana os fatos que culminaram na condenação do ex-presidente. Para Luigi Ferrajoli, o clima em que ocorreu o evento evidenciou a supressão das garantias constitucionais e uma possível lesão ao *process of law*.

No caso vertente, avulta como da maior importância a proteção dos direitos fundamentais, bem como as garantias normativas e as jurisdicionais como mecanismos defensivos contra os arbítrios de qualquer natureza. O instrumento suscetível de questionamento é o da inconstitucionalidade para corrigir a injustiça perpetrada contra a democracia. Tais garantias estão visceralmente ligadas a esta, porque protegem os direitos fundamentais protetores do cidadão e da democracia.

Nessas circunstâncias, convém pôr em destaque o desprezo pela argumentação coerente e sólida da defesa determinante do desate da controvérsia. Isso fazia crer que a matéria poderia ser resolvida na esfera do controle de constitucionalidade. Decerto cuidava de tema versando acerca da questão fático-jurídica, que assim desbordou para o campo da inconstitucionalidade. Desse modo, o assunto tem sua inserção no contexto das chamadas garantias jurisdicionais, suscetíveis de submissão ao crivo do Poder Judiciário.

O processo prestigiou apenas uma das partes, a acusação, detentora do polo positivo da ação. A defesa foi prejudicada diante da constatação de que seus argumentos não foram levados em consideração pelos julgadores do feito. Assim, infere-se que a "logica jurídica da controvérsia", ou seja, o método dialético, não foi observado.

Julgar não constitui apenas uma atitude prosaica, é uma missão difícil e exige e um desprendimento acima do normal. É preciso ter presente a coerência e cultivar a virtude a fim de poder servir de exemplo. Não buscar o enriquecimento fácil forjado em expedientes imorais à custa do erário sustentado pelos trabalhadores.

É deveras preocupante admitir a existência de tribunais que adotam essa metodologia para perseguir as pessoas. Trata-se de uma forma condenável de manipular o processo penal com vistas a penalizar pessoas inocentes. É potencializar, mesmo sem provas, a acusação tal qual um justiceiro a fim de mostrar serviço à sociedade, ainda que pouco convencional.

A interpretação não pode servir de instrumento para fazer perseguição política, segundo advertiu o juiz Gerardo Humberto Alves Silva Júnior, da 2ª Vara Cível de Diamantino, ao Ministério Público de Mato Grosso.[69] Isso induz ao sentimento de que há alguém preocupado em fazer justiça e que não se deixa levar pelas aparências do discurso falacioso.

Interpretar não constitui uma tarefa simples, pois vai muito além da submissão da norma ao fato. Mas os juízes e os promotores federais e estaduais que atuam nessa faixa delimitada pela legalidade não podem dela extrapolar, sob pena de responsabilidade administrativa, civil e penal pelos excessos cometidos, caracterizados como abuso de autoridade.

Registre-se, a bem da verdade, que a interpretação não pode encerrar crime de hermenêutica enquanto processada dentro do princípio da razoabilidade. Desbordar seu campo de aplicação implica incursionar pelo campo da parcialidade. Nesse particular aspecto, ademais, pelo espaço impróprio incompatível com a presunção de inocência.

Afinal, compete ao investigador delimitar a objetividade jurídica e estabelecer de maneira clara os atos atribuídos ao acusado no plano da tipificação criminal. Isso evita o cometimento de injustiça, que não é essa a pretensão do procedimento judicial, senão postular para que a justiça se realize no campo da equidade.

A Encíclica nº 12, de João II, citada por Antonio Maria M. Pinheiro Torres, aduz:

---

[69] GALLI, Marcelo. Juiz de Mato Grosso avisa ao MP: Judiciário não serve para fazer perseguição política. Consultor Jurídico, 9 fev. 2018. Disponível em: <https://www.conjur.com.br/2018-fev-09/juiz-avisa-mp-judiciario-nao-serve-perseguicao-politica>. Acesso em: 9 fev. 2018.

É óbvio, efetivamente, que em nome de uma pretensa justiça (p.ex. histórica ou de classe), muitas vezes se aniquila o próximo, se mata, se priva da liberdade e se despoja dos mais elementares direitos humanos.[70]

Com relação ao caso Lula, nunca se viu uma pessoa ser vítima de uma *perseguição messiânica carregada de tanta violência*. Entretanto, ofendido, posto à prova, humilhado, ele resiste, com a firmeza dos homens e das águias, a essa situação imposta pelos justiceiros da Operação Lava Jato, que não tem limites e extrapola as fronteiras da legalidade. Pela mesma forma, nunca se dispensou tamanha rapidez a um processo, transparecendo até que ele constitui a soma de todos os malfeitos, enquanto o acusado resiste a todas as manobras para lhe incriminar. Os arautos da moralidade se manifestam publicamente para obter a simpatia da opinião pública com forte propaganda em detrimento da dignidade de um ex-presidente.

Essa ideia distorcida da realidade tem levado à tomada de decisões equivocadas pelo Judiciário. Afastando-se da racionalidade funcional, tem desbordado para o campo do punitivismo exacerbado. Há excessos em razão do menoscabo aos direitos do cidadão, quase sempre negados pela máquina que o oprime, principalmente as frases tolhidas pela esperança.

José de Faria Costa nos traz a exata dimensão desses maus-tratos à pessoa humana, perdida no labirinto de uma sociedade egoísta. Aqui se aprofundam cada vez mais a desigualdade, a ausência de fraternidade e solidariedade e a negação de seus direitos fundamentais, uma política acelerada de exclusão social. Entretanto, adverte para esse quadro:

> A construção de um modelo de sociedade unicamente norteada por uma ideia de racionalidade funcional ou mesmo de racionalidade de um absoluto a-histórico no que toca aos próprios conduzem sempre a humanidade a becos sem saída ou, pior, a profundas manifestações de violação dos mais clementes de direitos da pessoa humana.[71]

É inelegível quem tiver condenação definitiva ou de órgãos colegiados: os apenados por lavagem de dinheiro, organização criminosa e corrupção, como se vê:

---

[70] TORRES, Antonio Maria M. Pinheiro. *O valor da justiça*. Coimbra: Coimbra Editora, 2014, p. 21.

[71] COSTA, José de Faria. *Beccaria e o Direito Penal*. Coimbra: Coimbra Editora, 2017, p. 18.

Desde el punto de vista axiológico recorre da antonímia ética del hombre, su liberdad com um elemento estrutural y necesario, como una característica esencial de su modo diser (...). Desde este punto de vista axiológico de Welzel us sistema será radicalmente injusto si nos respeta el hombre como persona, es decir su liberdad y autonomia.[72]

Como se verifica, o ex-presidente Lula não experimentou um julgamento justo, talvez jamais tenha acreditado nisso, devido à metodologia adotada pela Lava Jato. A dificuldade de encontrar a equação fático-jurídica derivada da impossibilidade de estabelecer uma relação de causalidade vem se valendo de teorias que, pela natureza e finalidade, tangenciam o campo da realidade fática e, portanto, são equidistantes dos fatos relacionados com a questão posta.

Em primeira instância, foi condenado a 9 anos e 6 meses de reclusão em decorrência dos crimes de corrupção e lavagem de dinheiro a ele atribuídos. Trata-se do *triplex* do Guarujá/SP. Achando pouco, em sede de revisão, o referido tribunal ampliou a pena para 12 anos e 1 mês de prisão, a ser executada após a conclusão no âmbito da referida Corte.

A execução provisória não tem amparo no sistema legal, que repugna essa tese de ocasião e, portanto, oportunista. Nada impede que Lula possa recorrer em liberdade, até porque a Constituição assim o assegura. Chega de processualismo, porquanto as instâncias superiores estão aí para ser acionadas por todos que delas necessitarem. As teorias invocadas pelos inquisidores na perseguição das lideranças populares são aplicadas erroneamente. *Domínio do fato, dúvida além do razoável* e outras aqui já abordadas não são substitutivas dos fatos provados de acordo com a orientação da codificada penal.

É preciso conter o abuso de autoridade, afastar as perseguições e a parcialidade da processualística. Ninguém suporta o espetáculo das operações policiais e as manifestações caricatas de alguns em busca da materialidade com seus procedimentos fora de padrões factíveis. Urge, portanto, sejam restaurados os padrões de justiça no plano de imparcialidade. Evitar a consumação de ofensa ao acusado ou mesmo condenado. E ainda mais: os vazamentos seletivos, as interceptações e os grampos telefônicos ilegais e as conduções coercitivas desnecessárias e pirotécnicas.

---

[72] WELZEL, Hans. *Estúdios de Filosofia del Derecho y Derecho Penal*. Buenos Aires: Euros, 2006, p. 49.

6.2 Cerceamento do direito de defesa

O julgamento, apesar de observar, segundo seus protagonistas, a processualística, desprezou os argumentos da defesa, evidenciando sua faceta de parcialidade. Isso revela a *insubstancialidade* do direito justo posto e pressuposto pela Constituição, por privilegiar uma das partes ao lhe dar tratamento diferenciado, contaminando a relação jurídico-processual ainda inconclusa em busca de acertamento.

Pode-se até admitir que o rito passível de justificar o contraditório tenha sido observado, bem como a ampla defesa no plano formal com o acolhimento das peças. Entretanto, isso não assegura que estas tenham sido consideradas para convencimento dos encarregados pela decisão. Louvaram-se apenas do *libelo acusatório* estendido o seu alcance.

Onde já se viu "julgamento" sem apreciação dos fundamentos da peça de defesa? O processo, seja onde for que tenha forma e se realize, não comporta decisão unilateral. É necessária a leitura dos argumentos produzidos pelas partes e não somente considerar uma delas. O contraditório não se faz nem se aperfeiçoa apenas porque foram juntadas ao processo as peças de defesa e acusação pura e simplesmente.

6.3 Somente o rito processual não garante o contraditório

A dicção constitucional quanto à necessidade do devido processo legal observa em seu ritual a instituição contraditória e a ampla defesa, não merecendo reparo. Constitui tal premissa uma formulação perfeita em face da possibilidade concreta de oferecer garantia de um processo justo aos investigados de modo geral.

É bom esclarecer, entretanto, que não é a simples fala invocando tal dispositivo que pode satisfazer seu cumprimento. Na verdade, para que isso aconteça, não basta apenas juntar a petição defensiva aos autos. É imprescindível que os seus fundamentos sejam levados em consideração pelo julgador.

Sem que isso ocorra, o esvaziamento do conteúdo da defesa produzida causa sério prejuízo a uma das partes. O tratamento desigual concorre para uma distração processual em detrimento do contraditório, levando até o campo do cerceamento de defesa. A imparcialidade deve ser sempre o corolário do fazer jurisdicional.

É a partir da defesa que flui naturalmente o caminho do contraditório como instrumento de garantia do devido processo legal. Enquanto os conjuntos probatórios não ingressam no processo, não há como falar em garantia. Nem se pode afastar, pela mesma forma, a ampla defesa prescrita pelo texto constitucional. Ao investigado devem ser oferecidas todas as possibilidades que possam se contrapor a acusação.

A defesa e o contraditório são corolários do devido processo, portanto, há correlação entre eles, pois são visceralmente ligados por laços de afinidade. Por sua vez, o contraditório permite o pleno exercício da defesa dentro da perspectiva do devido processo legal. Assim, os fundamentos veiculados na peça defensiva são muito significativos para o desfecho da controvérsia.

É óbvio que, com o advento do Estado de Direito, verifica-se a institucionalização do poder emanado do povo, que passa então a ser exercido pelos governos. Dessa forma, a República Federativa do Brasil acolheu o regime democrático para atender a vontade dos governados, em razão do Estado constitucional instalado no país, voltado à consecução das políticas sociais reclamadas pelo povo em favor do seu bem-estar.

Se os poderes constituídos pelo povo em assembleia nacional constituinte extrapolarem de suas prerrogativas e competências deferidas pela Constituição, incorre-se em abuso que não pode ser tolerado, conforme adverte Goffredo Telles Júnior:

> A Inspiração dessas insurreições, ao longo da história dos povos, é a ideia de que o uso do Poder, além de certos limites, constitui abuso intolerável, porque é ofensa à liberdade própria do ser humano, É em suma, a ideia de que o exercício do Poder não pode ser abandonado ao sabor das vontades discricionárias dos governantes, mas precisa, pelo contrário, ser submetido a uma regulamentação adequada. (...) O apreciar e julgar ADPF 378 o STF teve a oportunidade de ditar o rito do *impeachment*, embora isso não tenha impedido a farsa montada pelos políticos para proceder ao seu julgamento. Na verdade, o rito não se confunde com o devido processo legislativo devido aos falsetes de que está sujeito no decorrer do seu processamento. Registre-se, entretanto, que as regras processuais em razão de sua natureza normativa deveriam ser observadas na plenitude sua juridicidade.[73]

No caso vertente restou comprovado o chamado *abuso do poder político*, pois buscava-se um resultado para justificar os meios pelos quais poderiam alcançar seu intento. Essa simbiose entre o político e o

---

[73] TELLES JUNIOR, Goffredo. *A Constituição, a Assembleia Constituinte e o Congresso Nacional.* São Paulo: Saraiva, 2014, p. 23.

jurídico constitui fórmula ideal para a preservação da práxis republicana própria do sistema democrático que dá suporte ao Estado de Direito garantido pela soberania popular, detentora absoluta dos poderes que dão lastro à República Federativa do Brasil.

6.4 A acusação reescreve o roteiro da obra de Franz Kafka

A acusação reescreve o roteiro da obra de Franz Kafka *O processo*, que se debruça sobre a história de Josef K, submetido a um procedimento inquisitorial sem saber a mínima razão pela qual está sendo processado. Esse processo kafkiano inaugura o processo penal de exceção na contemporaneidade, que atinge de maneira frontal o acusado, desprovido do mínimo direito de defesa. Para permitir uma comparação, leia-se o que diz Pedro Garcia Marques no seu livro *O segredo da justiça*:

> "Chego, por conseguinte, à conclusão de que sou acusado e, todavia, não consigo encontrar a mínima falta a que possam lançar mão para me acusar. Mas isto também é de somenos. A questão principal é essa: Por quem sou eu acusado? Qual é a autoridade que dirige esse processo? Os senhores são funcionários? Nenhum tem uniforme (...) Exijo, pois, que me respondam a estas perguntas (...)
>
> – (...) Também não posso afirmar de maneira categórica que o tenham acusado, ou melhor, ignoro. O que é verdade é que o senhor está preso, é tudo quanto sei. (...). No entanto, embora eu não responda às suas perguntas, estou à altura de lhe dar um conselho: Pense menos em nós e mais no que lhe irá acontecer; pense mais em si (...)". *O processo*, Franz Kafka.[74]

A decisão proferida por colegiado de segunda instância não tem o condão de autorizar a execução imediata da pena por ele confirmada, até porque ela não exauriu a possiblidade de uso do aparato processual. De fato, o órgão colegiado de que cuida o preceito do art. 26-C da chamada Lei da Ficha Limpa assim não estabelece que o segundo grau de jurisdição seja o indicado como executor da pena, razão pela qual os tribunais superiores podem ser acionados com esse objetivo.

Portanto, quando configurada a parcialidade do julgamento e a não observância do contraditório, é obvio que cabem na espécie os

---

[74] MARQUES, Pedro Garcia. *O segredo da justiça*. Lisboa: Universidade Católica, 2016, p. 7.

recursos especiais e extraordinários em face de não existir na ordem jurídica constitucional qualquer impedimento dessa natureza. Na verdade, a regra do art. 5º, LVII, da CF diz que a demanda só se esgota após o trânsito em julgado da sentença.

Transparece claro, sem maior esforço hermenêutico, pelo que consta que o poder constituinte ainda não alterou ou modificou tal dispositivo, posto que, é bom ressaltar, por se tratar de uma cláusula imodificável, somente poderá fazê-lo o poder constituinte originário. Assim, nem o Superior Tribunal de Justiça nem tampouco o Supremo Tribunal Federal podem se recusar a examinar a questão à luz do princípio de presunção de inocência que constitui um avanço civilizatório. E o assunto transcende o direito de Lula, porque é uma conquista do cidadão contra o desvario dos nem sempre legítimos representantes do Estado.

Por outro lado, com respeito à questão da inelegibilidade é que os órgãos competentes para determinar a suspensão daquilo que lhe deu causa são quaisquer dos tribunais do país, devendo fluir enquanto não houver o trânsito do julgado da ação penal condenatória: o STJ e o STF, depois de prolatado o acórdão do segundo grau de jurisdição.

Não se pode partir da premissa equivocada, invocada por alguns, se a causa de inelegibilidade é produto do órgão colegiado que timbra pelo seu caráter de definitividade, ou seja, de natureza absoluta. Isso é confundir o rito com o processo, nem sempre conduzido dentro da parametrização do devido processo legal com as garantias do contraditório e da ampla defesa a fim de enfrentar a parcialidade de determinados julgadores.

Não há efetivamente, diga se de passagem, quaisquer decisões proferidas pelos plenários do STJ e do STF no que concerne à interpretação e à aplicação do artigo 26-C da Lei de Inelegibilidade, senão monocraticamente. Apesar disso, o TSE admite que a regra nele consubstanciada permita o uso do poder geral de cautela pelo relator do recurso.

Dessa forma, é assegurada a outro a competência para deferir a suspensão da causa de inelegibilidade em sede monocrática, e já que se trata de matéria envolvendo a questão da plausibilidade da pretensão recursal, nada impede que os tribunais superiores chancelem a jurisprudência predominante do Tribunal Superior Eleitoral. Se não há culpado, como poderá ser alguém preso nessa condição? "Ninguém será considerado culpado até o trânsito em julgado de sentença penal condenatória" (CF, art. 5º, LVII).

Por conseguinte, mesmo se levando em conta que não se trata de uma ideia caracterizada pela moral, ainda assim tem como pressuposto axiológico o sistema liberal que empresta consistência ao ordenamento político. De acordo com esse ponto de vista, desborda-se a ideia de que a democracia se apoia naquele pilar na persecução do bem comum, que é a meta primordial a ser alcançada pelo Estado social.

O processo decisório operou dentro de um contexto político que, além de violar direitos fundamentais, deixou de observar o contraditório e a ampla defesa, corolários do devido processo legal. Pela mesma forma, ofendeu o *status dignitatis* do cidadão Luiz Inácio Lula da Silva, ao atingir sua honorabilidade. Nesse caso, ofendendo, portanto, a sua honra pessoal e, como tal, o postulado da dignidade da pessoa humana inscrito na Constituição Federal como elemento fundante da República Federativa do Brasil.

A expressão *status* é empregada no campo jurídico para designar a posição do cidadão dentro do concerto social. É, portanto, a condição que ostenta entre seus pares em razão de seus trabalhos edificante em prol do social. É, assim, de destacado renome reconhecido pela sociedade, atribuído em conformidade com o juízo de valor formulado pelos membros de todas as camadas sociais.

A defesa efetiva não se compraz dentro de um contexto de pesquisas irreais, de enunciados desconectados com a realidade factual. O amontoado de papéis de anotações feitas à revelia de pretensos fatos não servem ao conjunto probatório. Nesse diapasão, o contraditório não estabelece a relação de igualdade entre as partes, porque não há como se contrapor a uma acusação inepta destituída de suporte fático-jurídico.

As decisões de primeira instância não são de todo definitivas, pois, em inúmeros casos, não implicam a realização do direito justo. É que os julgadores, embora em contato com a matéria de direito, nem sempre o interpretam e aplicam de acordo com a realidade factual. Pela mesma forma, ocorre com ações que dependem de produção de provas.

É óbvio que as sentenças prolatadas nesse grau podem ser revisadas. Todavia, a partir de decisão do STF, poderão ser executadas no segundo grau de jurisdição. Mas essa nova sistemática não assegura que a análise promovida nessas circunstâncias esteja correta ao suprimir o acesso ao STJ.

Por outro lado, nada assegura que a questão discutida tenha tido um desfecho capaz de evidenciar sua justeza. Desse modo, deverá ser revista, colocando a jurisprudência do STF no caminho certo de respeito à Constituição, que a ele compete garantir não seja maculada em seu descumprimento. Não resta dúvida de que o chamado trânsito em julgado deva ser cumprido rigorosamente. Segundo a Constituição Federal: "Ninguém será considerado culpado até o trânsito em julgado de sentença penal contraditória" (CF, art. 5º, LVII). Trata-se, pois, de uma regra inafastável, por constituir o postulado maior da presunção de inocência, que vem sendo maltratado pela Operação Lava Jato.

Aplicada de forma enviesada, a teoria do domínio do fato fomenta o direito do espetáculo ao agir de acordo com interesses que não são os da sociedade. Para a punição dos infratores, a pena imposta, com suporte em provas idôneas, é em razão da transgressão da lei pelo investigado. Todavia, trata-se de exegese equivocada, já que não aproveita a situação em tese e, sobremodo, os fatos determinantes do referido procedimento narrados no *libelo acusatório*.

6.5 Supressão de instâncias jurídicas superiores

Cumprir a pena de privação de liberdade antes do *trânsito da sentença penal condenatória* em sede jurisdicional de segunda instância viola a Constituição. Não se trata, aqui, de debater se a decisão do Supremo Tribunal Federal foi justa ou injusta, mas a relativização da presunção de inocência por ele decretada ou a irreversibilidade das cláusulas imodificáveis do texto constitucional. De fato, para Cristina Queiroz, o que qualifica o "conteúdo dos direitos fundamentais, e particularmente os direitos, liberdades e garantias reconhecidas constitucionalmente, é o bem ou o *valor de proteção*".[75]

A expressão "proibição do retrocesso", tão em voga a permear as discussões no âmbito constitucional, afigura-se inadequada. Seria preferível adotar a *Vertrauensschutz* (proteção de confiança). Nesse aspecto, ela delimita a cláusula pétrea incorporada no âmago do Estado constitucional. Dessa forma, não detém o Supremo Tribunal Federal competência para, sob pena de se superar ao poder constituinte, promover uma exegese que nega a vigência de uma regra imutável da Constituição.

Pela mesma forma, o posicionamento do ministro Edson Fachin, do STF, justificando o seu voto de que não se trata de direito absoluto

---

[75] QUEIROZ, Cristina. *O princípio da não reversibilidade dos direitos fundamentais sociais*: princípios dogmáticos e prática jurisprudencial. Coimbra: Coimbra Editora, 2006, p. 21.

não traz nenhuma novidade. O que há é uma tentativa de revogar a Constituição, mediante a flexibilização de um de seus princípios mais emblemáticos da democracia, ou seja, a *presunção de inocência*. Certamente, uma vez suprimidas instâncias recursais, estará instaurado o reino das arbitrariedades e, consequentemente, da insegurança jurídica.

Ora, se efetivamente, como se apregoa, os recursos são protelatórios, então suprimam-nos das leis processuais. E em contrapartida, extingam-se os tribunais superiores por desnecessários, inclusive, pelo alto custo de sua manutenção. E transformem o Supremo Tribunal Federal numa Corte substancialmente constitucional voltada para questões relevantes, afastando-o das questões ordinárias que não carecem de um pronunciamento daquela corte.

Para John Hart Ely:

> O direito constitucional deve ser compreendido com um meio pelo qual se dá eficácia às ideias que de tempos em tempos voltam a ser consideradas fundamentais da sociedade e sua função constitucional, consequentemente, é definir valores e afirmar princípios.[76]

O processo de constitucionalização dos direitos redundou em certa flexibilidade de conceitos rígidos estabelecidos no âmbito do direito privado, como, por exemplo, a propriedade, o contrato. Quanto à propriedade, sua intangibilidade no plano conceitual foi mitigada, porquanto ficou condicionada ao exercício da função social a fim de justificar a sua utilidade no seio da sociedade sob pena de desapropriação. Enquanto os contratos, em suas cláusulas, devem prevalecer à boa-fé objetiva.

Todos esses aspectos, voltados verdadeiramente para a construção e a solidificação de um Estado social, convergiram no sentido da elaboração, no plano qualitativo, de uma teoria constitucional. Apesar disso, abriu para o legislador ordinário uma parcela de discricionariedade visando regular determinadas matérias, permitindo, assim, o alinhamento dos valores e princípios como fontes de inspiração legislativa.

Os direitos e garantias inscritos na Constituição Federal gerados em torno de um *sistema de proteção* devem caminhar na direção da efetividade sob o pálio de uma teoria constitucional substancial. Objetiva permitir

---

[76] ELY, John Hart. *Democracia e desconfiança*: uma teoria do controle de constitucionalidade. São Paulo: WWF Martins Fontes, 2010, p. 57-58.

ao intérprete uma melhor instrumentalização do manejo do processo decisório em sede da jurisdição constitucional vinculado a um ideário calcado em valores e princípios fundado num juízo ético-axiológico. Do contrário, perdurarão no tempo as contradições nos textos sentenciais ambíguos que teimam em se afastar da equidade em sua formatação interna de natureza conceitual, que afetam a plena realização do direito.

Por conseguinte, vive-se sob a égide de uma Constituição *garantista* direitos, as garantias e as liberdades protegidas pela Constituição devem merecer uma satisfação em toda a sua plenitude. Não podem ser apequenadas e afrontadas em sua integridade em razão do modo de se interpretar e aplicar o direito. A profusão de regras que dão conformação à processualística decorre de enunciados rígidos, atropela no mais das vezes a concretização do direito material. Dessa vez, torna-se necessário examinar com profundidade o sistema legal brasileiro com vistas à sua adequação à realidade do mundo jurídico contemporâneo, perdido nas teias de um formalismo cartorial que remete aos tempos das ordenações filipinas, afonsinas e manuelinas.

Decerto, a engrenagem que se move em seus trilhos dentro do universo processual, dotada de um ritual solene fundado numa burocracia cartorial, explica, em tese, a morosidade da justiça. E a outra parte fica por conta dos juízes ligados, visivelmente, à gramaticalidade das leis em demasia que povoam o ordenamento jurídico, nelas incluídas as famigeradas instruções normativas editadas pela administração pública.

O processo, como já dizia Franz Kafka, é um rolo compressor atraído pelo palavrório envolvente do discurso jurídico retórico que empolga o julgador. Pode, portanto, transformar-se numa armadilha derivada de uma farsa montada por mentes férteis. Limita a ampla defesa e o contraditório, ensaiando assim para o campo do cerceamento do direito objetivo. Constitui um desapreço à democracia, porquanto se afigura um atentado à Constituição.

O Tribunal de Justiça do Estado de São Paulo, em acórdão prolatado pela 13ª Câmara Criminal, determinou a expansão de mandado de prisão sem que a sentença contraditória tivesse seu trânsito em julgado. Eis excerto do texto: "o princípio da presunção de inocência não é absoluto, mas relativo, de modo que, condenada em primeiro grau e mantida a condenação por essa Corte, órgão colegiado, cessa a presunção".[77]

---

[77] SUPERIOR TRIBUNAL DE JUSTIÇA. *Habeas Corpus* nº 279.063-SP (2013/0338354-6). Rel. Min. Rogerio Schietti Cruz. Brasília, 25 set. 2013.

Se assim fosse, as sentenças (de todos os graus de jurisdição) poderiam ser consideradas relativas, já que em direito não há nada absoluto. Até porque a liberdade merece proteção constitucional e não pode ser suprimida por mero capricho exegético, nesse sentido, decidiu o Supremo Tribunal Federal.

6.6 O uso da teoria do domínio do fato de Roxin pelo MP e pelo Judiciário

A simples intenção de tornar exequível uma fórmula mágica tecida pela retórica para condenar o ex-presidente Lula mediante o uso da *teoria do domínio do fato* não se sustenta. É por isso que as delações sem provas não têm o condão de oferecer suporte à decisão judicial. Assim decidiu, no caso de João Vaccari Neto, o TRF-4.

Por conseguinte, os crimes de corrupção e lavagem de dinheiro a ele atribuídos não foram materialmente provados, afastando, pela mesma forma, a autoria. Os juízes do TRF, como é óbvio, preocuparam-se apenas em preservar a incolumidade da Justiça. Nesse aspecto, o julgamento do acusado enveredou pelo campo íngreme da abstratividade.

Não se pode atribuir ao presidente da República a incumbência de saber os mecanismos de organização e funcionamento da máquina estatal. Para tanto, é à administração pública, dotada de gestores da coisa pública, que cabe desincumbir-se das tarefas que lhe são delegadas pela referida autoridade. Desse modo, a responsabilidade é distribuída entre eles, sem que se tenha a condição de saber tudo que está acontecendo nos bastidores do ponto.

Nesse diapasão, o suposto ilícito tem de ter correspondência com o exercício da função, como assinala Flávio Dino: "É típico de quem não tem noção do que é governar uma estrutura complexa. Imagina se um governador do Estado ou um presidente vai ter ciência cotidiana exata de todos os atos de gestão praticados em todo órgão do governo".[78]

É patente o abuso midiático da lei penal numa tentativa de incrementar o punitivismo exacerbado como lenitivo para todos os males da sociedade hodierna. Nesse sentido, René Ariel Dotti[79] coloca com muita propriedade que no ordenamento jurídico positivo brasileiro:

---

[78] DINO, Flávio. Flávio Dino: penas iguais indicam "acerto prévio" no TRF4 contra Lula. *CartaCapital*, 25 jan. 2018. Entrevista concedida a Miguel Martins. Disponível em: <https://www.cartacapital.com.br/politica/flavio-dino-penas-iguais-indicam-acerto-previo-no-trf4-contra-lula>. Acesso em: 6 fev. 2018.

[79] *Ibidem.*

há um número imenso de leis injustas e leis nulas concebidas e gestadas por um direito penal de ocasião produzido pela mídia sensacionalista que se demasia em realizar justiçamentos sumários, transformando a notícia dos fatos delituosos, como dever inerente à liberdade de informação jornalística, em libelos acusatórios e sentenças condenatórias antecipadas contra indiciados ou meros suspeitos.[80]

Nessa linha de intelecção, em sintonia com o pensamento de Nélson Hungria, René Dotti adverte sobre o perigo do isolacionismo da dogmática ao derredor de si mesma e do exagero das elucubrações abstratas equidistantes da realidade social. Assim: "O crime não é somente uma abstrata noção jurídica, mas um fato do mundo sensível, e o criminoso não é um impessoal 'modelo de fábrica', mas um trecho fulgurante da humanidade".[81]

Não há como transigir com a corrupção, que grassa nos quatro cantos do país e que deve ser combatida em todas as vertentes diuturnamente. Mas os órgãos competentes para a realização dessa tarefa estão adstritas aos limites estabelecidos pela lei. Os direitos fundamentais não podem ser conspurcados com a negação das garantias inerentes ao *process of law*, como corolário da aplicação do direito justo.

Os valores e os princípios consubstanciados nas constituições democráticas consagradas pelo Estado de Direito se sobressaíram como elementos de garantia da dignidade da pessoa humana. Por essa razão, "trouxe alento aos estudos do delito como fenômeno empírico, individual e social, pois a instituição de categorias axiológicas em harmonia com as exigências sociais corresponde ao sentido original da Política Criminal segundo a concepção de Liset: estendeu uma ponte entre a dogmática e a criminologia".[82]

No caso Lula, observa-se uma espetacularização do processo, com total desprezo à produção de provas e seguidas negativas de compor o devido processo legal. Daí, a respeito, a judiciosa observação sobre as hipóteses acusatórias de Nilo Batista: "A segunda e a terceira hipóteses acusatórias eram investigadas em São Paulo e tinham a característica comum de atribuir ao ex-presidente a propriedade de dois imóveis que não lhe pertencem".[83]

---

[80] HUNGRIA, Nélson; DOTTI, René Ariel. *Comentários ao Código Penal*: Dec.-Lei nº 2.848, de 7 de dezembro de 1940. Lei nº 7.209, de 11 de julho de 1984. 6. ed. Rio de janeiro: LMJ, 2014, p. 165.

[81] *Ibidem*, p. 185-187.

[82] *Ibidem*, p. 186.

[83] BATISTA, Nilo. Advocacia em tempos sombrios. *In*: MARTINS, Cristiano Teixeira Zanin; MARTINS, Valeska Teixeira Zanin; VALIM, Rafael (Coord.). *O caso Lula*: e a luta pela afirmação dos direitos fundamentais no Brasil. São Paulo: Contracorrente, 2017, p. 96.

Veja-se a respeito a entrevista concedida por Claus Roxin às repórteres Cristina Grillo e Denise Menche, da *Folha de S.Paulo*, e também reproduzida pela revista *Consultor Jurídico*, em que o jurista alemão enfatiza o uso errado, pelos tribunais, da teoria do domínio do fato por ele concebida:

Folha – O que o levou ao estudo da teoria do domínio do fato?

Claus Roxin – O que me perturbava eram os crimes do nacional socialismo. Achava que quem ocupa posição dentro de um chamado aparato organizado de poder e dá o comando para que se execute um delito tem de responder como autor e não só como partícipe, como queria a doutrina da época. Na época, a jurisprudência alemã ignorou minha teoria. Mas conseguimos alguns êxitos. Na Argentina, o processo contra a junta militar de Videla [Jorge Rafael Videla, presidente da Junta Militar que governou o país de 1976 a 1981] aplicou a teoria, considerando culpados os comandantes da junta pelo desaparecimento de pessoas. Está no estatuto do Tribunal Penal Internacional e no equivalente ao STJ alemão, que a adotou para julgar crimes na Alemanha Oriental. A Corte Suprema do Peru também usou a teoria para julgar Fujimori [presidente entre 1990 e 2000].

Folha – É possível usar a teoria para fundamentar a condenação de um acusado supondo sua participação apenas pelo fato de sua posição hierárquica?

Roxin – Não, em absoluto. A pessoa que ocupa a posição no topo de uma organização tem também que ter comandado esse fato, emitido uma ordem. Isso seria um mau uso.

Folha – O dever de conhecer os atos de um subordinado não implica em corresponsabilidade?

Roxin – A posição hierárquica não fundamenta, sob nenhuma circunstância, o domínio do fato. O mero ter que saber não basta. Essa construção ["dever de saber"] é do direito anglo-saxão e não a considero correta. No caso do Fujimori, por exemplo, foi importante ter provas de que ele controlou os sequestros e homicídios realizados.

Folha – A opinião pública pede punições severas no mensalão. A pressão da opinião pública pode influenciar o juiz?

Roxin – Na Alemanha, temos o mesmo problema. É interessante saber que aqui também há o clamor por condenações severas, mesmo sem provas suficientes. O problema é que isso não corresponde ao direito. O juiz não tem que ficar ao lado da opinião pública.[84]

---

[84] ROXIN, Claus. Teoria do domínio do fato é usada de forma errada. *Consultor Jurídico*, 11 nov. 2012. Disponível em: <https://www.conjur.com.br/2012-nov-11/claus-roxin-teoria-dominio-fato-usada-forma-errada-stf>. Acesso em: 6 fev. 2018.

Em direito, nenhuma teoria tem o condão de prosperar no campo da autoria para determinar a responsabilidade senão pegando em fatos em que se possa fundamentar a tese por ela sustentada. Não basta que o saber funcional possa ser atribuído ao acusado. Assim como no caso presente, desincumbindo-se de atividade relevantíssima, não tinha, necessariamente, condição de conhecer ou ter conhecimento de tudo que se passava na República.

A tese de organização criminosa cuja coordenação o Ministério Público Federal atribui a Lula, além de retórica, porquanto recheada de conjecturas, não tem qualquer resquício de cientificidade. Trata-se de um aspecto visto de uma perspectiva institucional. Aqui, desenganadamente se adentra no campo das leis extravagantes que os atores da cena jurídica ainda não aprenderam a manejar na seara do direito penal devido à dificuldade de determinar a autoria do pretenso infrator.

Como se vê, a posição hierárquica na cúpula governamental não tem qualquer influência no tocante à teoria do domínio do fato. Sendo, portanto, equidistante aos seus desígnios, não tem força motriz para atingir o acusado com uma carga de condenação devidamente fundamentada em razão dos elementos constitutivos que o direito exige para a resolução de suas controvérsias.

Por conseguinte, a relação de subordinação não é suficiente para caracterizar a corresponsabilidade, pois, segundo Claus Roxin:

> A posição hierárquica não fundamenta, sob nenhuma circunstância, o domínio do fato. O mero ter que saber não basta. Essa construção ["dever de saber"] é do direito anglo-saxão e não a considero correta. No caso do Fujimori, por exemplo, foi importante ter provas de que ele controlou os sequestros e homicídios realizados.[85]

Ao cuidar do domínio funcional, o referido autor estabelece sua noção básica, *in verbis*:

> El concepto de "dominio del hecho funcional" mediante el he intentado caracterizar a coautoria, há sido acogido ampliamente en la doctrina. Sustancialmente, estimar que la "coperación em división del trabajo" fundamenta a coautoria constitye doctrina dominante.[86]

---

[85] ROXIN, Claus. Teoria do domínio do fato é usada de forma errada. *Consultor Jurídico*, 11 nov. 2012. Disponível em: <https://www.conjur.com.br/2012-nov-11/claus-roxin-teoria-dominio-fato-usada-forma-errada-stf>. Acesso em: 6 fev. 2018.

[86] ROXIN, Claus. *Autoría y domínio del hecho en derecho penal*. Madri: Marcial Pons, 2000.

Um dos aspectos mais importantes na teoria do domínio do fato, que tem como principal mentor Claus Roxin, tem caráter funcionalista. Essa visão é deveras significativa para compreender os mecanismos que lhe dão conformação, ou seja, capilaridade do direito penal, na perspectiva de sua estrutura e funcionalidade para um desfecho da teorização engendrada pelo referido jurista.

Com efeito, o modelo por ele desenhado trouxe ao mundo do debate novos elementos de parametrização fático-jurídica ao colocar em relevo os traços distintivos entre protagonista e coadjuvante, de sorte que enveredou para o caminho mais propício para o entendimento do assunto para o domínio da ação. Para qualificar o tipo penal, Claus Roxin, entretanto, admitiu outras possibilidades de se dominar o fato. Enfatizou que na realização do tipo sobressai-se "el dominio de la acción":

> Quién no coaccionado y sí ser dependiente de modo superior a lo socialmente normal. Realiza todos los elementos del tipo de própria mano, es autor. Em todos los supuestos imaginables treine el dominio del hecho. Soló a aquel que realizou todo los presupuestos del injusto alli estabelecido es autor, y cuando los realiza lo es sín excepción.[87]

As duas outras hipóteses aventadas pelo jurista alemão dizem respeito às teorias do domínio da vontade e do domínio funcional do fato. Quanto à primeira, mesmo admitindo a autoria pelo evento, o autor da conduta age por interpostas pessoas, utilizando-se delas para a consecução dos seus propósitos. Nesse caso, a outra pessoa, segundo Roxin, atua em erro ou em estado de não culpabilidade: nessa perspectiva, estabelece a diferença desta que é a teoria da vontade, de natureza estrutural, para a de domínio da ação:

> Antes abordar las cuestiones concretas debemos tener presente que los situaciones que aqui vienen en consideracion se distinguen esencialmente desde el punto de vista estructural del "dominio de la acción" tratado más arriba. Mientras que alli la realización de acción tipitica de própria mano fundamenta la autoria, aqui se trata de casos en los que falta precisamente la "acción ejecutiva del sujeto de detrás y el domínio del hecho soló puede basarse en el poder de la volundar rectora. Por eso, alli donde haya que afirma el domínio del hecho hablamos de "dominio de la vontad en el autor".[88]

---

[87] *Ibidem*, p. 151.
[88] *Ibidem*, p. 166.

Já a segunda hipótese refere-se ao domínio funcional do fato, como bem conceitua Douglas Rodrigues da Silva nestes termos:

> Consiste em verdadeira divisão de tarefas entre os diversos protagonistas da ação típica, em suma, diversas pessoas possuem o mesmo objetivo em comum, a realização da ação típica, mas para alcançá-lo dividem a execução da ação em tarefa, competindo a cada fração essencial do todo – tanto que a não execução de uma delas pode impossibilitar a consecução do objetivo comum –, sendo os participantes da empreitada considerados coautores do delito.[89]

No que diz respeito a "el domínio del hecho funcional", Roxin assevera:

> En principio caberia limitar el domínio del hecho del coautor al llevar a cabo la acción ejecutiva típica, ou seja o sea por ejemplo em el caso del porto hurto; soló cabia hablar de coautoria en aquellos que efectivamente hayan sustraidos cosae.[90]

---

[89] SILVA, Douglas Rodrigues da. Entenda, de uma vez por todas, o que é a Teoria do Domínio do Fato. *Canal Ciências Criminais*, 9 nov. 2016. Disponível em: <https://canalcienciascriminais.com.br/teoria-do-dominio-do-fato/>. Acesso em: 10 fev. 2018.

[90] ROXIN, Claus. *Autoría y domínio del hecho en derecho penal*. Madri: Marcial Pons, 2000, p. 307.

CAPÍTULO 7

CONSIDERAÇÕES FINAIS

Conclui-se que há evidências jurídicas presentes nos processos analisados que denunciam de maneira categórica a inconstitucionalidade das decisões prolatadas pela primeira e segunda instâncias desde o nascedouro. É óbvio que o sistema processual oferece elementos robustos para enfrentar situações como tais, visando à desconstituição da sentença ou do acórdão, tendo em vista a necessidade de se restabelecerem os cânones da constitucionalidade.

Nesse particular aspecto pode o prejudicado recorrer aos instrumentos processuais adequados, no plano dos recursos disponíveis e indispensáveis à consecução do desiderato que tem em mira. Assim, para enfrentar esse quadro de violação expressa de regras e princípios constitucionais poderá se valer do aparato recursal, já que aqui ficou exaustivamente demonstrado o desrespeito ao princípio da presunção de inocência e ao devido processo legal. Dessa forma, a medida adequada para restabelecer o primado da legalidade é lançar mão de todo o repertório de medidas referidas ao caso vertente, dentre elas:

a) embargos de declaração aos quais sejam atribuídos efeitos infringentes pelo tribunal;

b) ação declaratória de nulidade absoluta da sentença ou acórdão (*querella nulitatis*);

c) recurso especial ao Superior Tribunal de Justiça;

d) recurso extraordinário ao Supremo Tribunal Federal;

e) *habeas corpus* com vistas a impedir a prisão antes de transcorrido o trânsito em julgado da sentença penal condenatória.

A execução da pena no segundo grau de jurisdição à vista da decisão apertada do Supremo Tribunal Federal (6 x 5) é apequenar a Constituição da República. Pelo que se sabe, não consta de nenhum dispositivo do ordenamento jurídico-constitucional que esteja aquela corte *acima do poder constituinte do povo*. É preciso que a situação seja revertida a bem da estabilidade do sistema jurídico, consolidando, assim, o entendimento de que os direitos fundamentais da pessoa humana são o centro de todas as atenções do Estado.

Com a adoção dessa sistemática, todos os cidadãos de bem ficarão à mercê de julgamentos arbitrários, pressentindo que há uma predominância e o desejo de dificultar o exercício pleno da defesa. Às vezes, o processo decisório se concentra tão somente na *pessoa do condenado*, evidenciando uma ação persecutória implacável em detrimento dos fundamentos do direito de defesa.

Todos os elementos constitutivos do conjunto probatório renderam ensejo para vislumbrar a parcialidade dos julgados, que, aliás, não passaram de um arranjo baseado em ilações brotadas da imaginação fértil dos julgadores. O colegiado formado por três desembargadores, no exercício de sua jurisdição, não esteve à altura de sua missão histórica de resgatar a justiça em toda a sua plenitude.

Se, porém, prevalecerem os ditames da Constituição, a execução da pena em segundo grau de jurisdição atenta contra expresso dispositivo nela esculpido de cunho garantista. Para a consecução desse desiderato, é preciso passar por cima da garantia constitucional de que "ninguém será considerado culpado até o trânsito em julgado de sentença penal condenatória" (CF, art. 5º, LVII), corolário do princípio da presunção de inocência, não havendo, até o momento, nenhum culpado (CPP, art. 283).

Pouco importa se o Supremo Tribunal Federal colocar em pauta ou não discussão a respeito da execução da pena em segunda instância, pois esvaziaria o debate partindo da premissa básica de que tal hipótese não existe. De fato, a Suprema Corte não detém competência para adotar posição contrária ao quanto ali se acha disciplinado, corroborando, assim, a expressão sempre citada: "ninguém está acima da lei", principalmente quando não é próprio que esteja sob grave constrangimento ou ameaçado de sê-lo.

A bem da justiça e do dever das instituições, cumpre assegurar essa garantia que constitui a pedra angular do princípio da presunção de inocência. Então, torna-se necessário, até por uma questão de coerência, que se revogue essa decisão tomada pela Corte ao arrepio da Constituição, pois, ao contrário, aos seus juízes cabe respeitá-la e defendê-la, o que, inclusive, faz parte do juramento de todos os juristas e cidadãos conscientes de sua responsabilidade de pugnar pela construção e consolidação da democracia.

Ademais, "ninguém será *privado da liberdade* (...) sem o *devido processo legal*" (CF, art. 5º, LIV, grifo nosso). Do mesmo modo, "aos litigantes, em processo judicial (...) e aos acusados em geral são assegurados o *contraditório e a ampla defesa, com os meios e recursos* a eles inerentes" (CF, art. 5º, LV, grifo nosso). Como se vê, *os recursos* são o corolário do devido processo legal e não podem ser negados em detrimento dos cânones constitucionais. Assim, siga-se a orientação constitucional quanto aos meios e recursos adequados já antes referidos.

7.1 Os embargos de declaração

Os embargos de declaração, na sua perspectiva pragmática e ao mesmo tempo aliados ao seu perfil de cunho aclaratório, além de possibilitarem, através da irradiação de seus efeitos, a supressão de determinados equívocos processuais forjados no plano da obscuridade, podem suscitar no seu bojo o pedido de correção de erros materiais. Essa composição da lide dentro dos parâmetros processuais evita a consumação de uma injustiça e serve para reparar a distorção da adequação fático-jurídica no concerto constitucional.

Em decorrência disso, pode ser factível, em face da situação enfrentada no caso sob análise, sua conversão por uma necessidade de adequação pela parte vencida em *embargos infringentes* de segundo grau de jurisdição de onde emergiu o acórdão hostilizado. Essa *atribuição* cabe ao órgão colegiado competente, que assim poderá atribuir aos mesmos efeitos *modificativos ou infringentes* com vistas a sanar, se for o caso, as nulidades arguidas pela parte nos estritos termos do art. 93, IX da CF/88.

O que as provas juntadas ao processo pelo ex-presidente Lula revelam, de modo seguro e, portanto, inquestionável, é que ele não é proprietário do badalado *triplex* do Guarujá, porquanto inexiste qualquer registro imobiliário do imóvel questionado em seu nome. O que se verifica é que a "verdade" preestabelecida mostra o arranjo de acomodação ao processo, pois o investigado não tinha sequer ligações negociais com a Petrobras, senão no imaginário da Operação Lava Jato.

Em tese, a decisão unânime esvaziou a possibilidade do exercício da via recursal em segunda instância, contrariando a Constituição. Isso abriu caminho a fim de permitir, segundo se alardeia, a prisão de Lula, após o julgamento dos embargos declaratórios por ele interpostos perante o mesmo Tribunal. E, em consequência, uma extremada injustiça com base apenas em conjecturas sem o mínimo suporte probatório.

Apesar da insistência em dar guarida à tese segunda a qual o "condenado" poderá ser preso, essa insinuação não tem o menor sentido. O Tribunal da 4ª Região não poder tolher o direito de buscar as instâncias superiores para a interposição de recurso especial ao Superior Tribunal de Justiça e recurso extraordinário ao Supremo Tribunal federal.

Isso porque, na verdade, os *embargos de declaração*, até em razão da vaidade dos embargados, geralmente são rejeitados de antemão e, possivelmente, em nada mudariam esse panorama. Registre-se, ademais, contrariando a propaganda veiculada pela mídia, que o desfecho em segunda instância não cria *qualquer obstáculo a sua candidatura, porque a situação não se enquadra na Lei da Ficha Limpa*.

Os votos lavrados pelos três desembargadores apenas reproduziram de forma uniforme, sem qualquer detalhe a mais, os mesmos argumentos de Moro. Não demonstraram que o *triplex* tão badalado era de propriedade de Lula. No processo não há resquício dos instrumentos cartoriais probatórios: o Registro do Cartório de Imóveis é o documento apto a provar a propriedade. Até os não versados em lei sabem quando advertem: "quem não registra não é dono", então o badalado *triplex* não é de propriedade de Lula.

Não restou provado qualquer liame entre Lula e o esquema de corrupção instalado na Petrobras. Apenas aduz no discurso linguístico que ele contribuiu para o esquema. Isso porque promoveu a indicação dos diretores da empresa estatal visando à capitalização de recursos financeiros para os parlamentares e seus partidos. As observações foram feitas ao longo de julgamentos no plano das abstrações, sem a devida demonstração das provas exigidas para processo dessa natureza. Não há evidências capazes de caracterizar a materialidade e a autoria do ato delituoso.

7.2 Ação declaratória de nulidade absoluta da sentença (*querela nulitatis insanabis*)

A expressão latina *querela nulitatis*, segundo José Cretella Neto, "significa nulidade do litígio. Indica a ação criada e utilizada na Idade Média, para impugnar a sentença independentemente de recurso, apontada como origem das ações autônomas de impugnação".[91] Constitui

---

[91] CRETELLA NETO, José. *Dicionário de Processo Civil*. Rio de Janeiro: Forense, 1999, p. 368.

o remédio objetivando à impugnação de erros graves cometidos no âmbito de jurisdição. O STF assegura que ela é contemplada pelo direito positivo:

> Ação declaratória de nulidade de sentença por ser nula a citação do réu na ação em que ela for proferida. 1. Para a hipótese prevista no artigo 741, I do atual CPC, que é a falta ou nulidade de citação, havendo revelia persiste, no direito positivo brasileiro – a *querela nulitatis*, o que implica dizer que a nulidade da sentença, nesse caso, pode ser declarada em ação declaratória de nulidade, independentemente do prazo para a propositura da ação rescisória, que, em rigor, não é cabível para essa hipótese. 2. Recuso extraordinário conhecido negando-se-lhe, porem provimento.[92]

Nessa perspectiva, são possíveis de desconstituição as sentenças que põem termo ao processo, por ter decidido o mérito da demanda, enquadrando, na hipótese, os acórdãos dos tribunais.[93] Assim, no caso vertente, pode-se valer da ação declaratória de nulidade absoluta e insanável da sentença ou do acórdão, a qualquer tempo, visando declarar a nulidade da relação jurídica viciosa que não se corporificou, à vista de sua inconstitucionalidade.

7.3 Recursos

Cabem ainda recurso especial ao Superior Tribunal de Justiça e recurso extraordinário, em se tratando de matéria constitucional, ao Supremo Tribunal Federal.

Embalde querer dar ao acórdão de segundo grau foro de definitividade se a ordem pública impõe a segurança das relações jurídicas. Ora, a sua imutabilidade só opera com a produção dos seus efeitos uma vez estabilizada, quando determina o fim do processo de cognição. De maneira que enquanto existir a possibilidade de recursos, não se pode dar por finalizado o processo pela ausência da entrega da prestação jurisdicional.

Aqui, o que se põe no centro do debate é a nulidade do acórdão fundamentado em súmula sem qualquer feição legal. Conquanto o

---

[92] Acórdão do STJ, no REsp nº 12586-SP. Rel. Min. Waldemar Zveiter. 8 out. 1991. *Diário da Justiça*, 4 nov. 1991.

[93] CRETELLA NETO, José. *Op. cit.*, p. 224.

acórdão seja nulo, não se pode negar a sua existência no mundo jurídico, já que reúne os elementos de sua constitutividade. Porém, está eivado de vícios que comprometem a sua integridade, afastando a possibilidade de implementação no plano de executoriedade, tendo em vista incorrer em erro de atividade.

A estabilidade da decisão e sua publicação revelam-se importantes, pois, para Friedrich Müller:

> A representação e publicação da fundamentação deve por um lado, convencer os atingidos, por outro tornar a decisão controlável para um possível reexame dos tribunais de instância superior, para outras chances da tutela jurídica e com vistas à questão da sua conformidade à constituição.[94]

Para o referido autor, o direito deve ser problematizado no campo da ciência jurídica, assim os seus resultados devem ter tratamento de otimização. Isso implica também inclusão no plano dos seus modos de fundamentação.[95] Isso é próprio do Estado Democrático de Direito, conforme assevera:

> Os direitos fundamentais estão especialmente reforçados nos seus âmbitos de normas. Em virtude da sua aplicabilidade imediata eles carecem de critérios materiais de aferição que podem ser tornados plausíveis a partir do seu próprio teor normativo, sem viver à mercê das leis ordinárias.[96]

Como se vê, a questão ainda pode ser submetida ao crivo do Superior Tribunal de Justiça e do Supremo Tribunal Federal. Da decisão do TRF-4, se negativa, cabe a interposição de Agravo de Instrumento requerendo que a matéria seja submetida àquelas instâncias, para análise e pronunciamento.

Em sede de jurisdição superior pode-se arguir a violação de lei federal, no caso vertente, a regra do art. 283, do Código de Processo Penal. Pela mesma forma, demonstrar que a Constituição não permite a prisão em segunda instância, essa vedação é de uma clareza glacial. Só é culpado após o trânsito em julgado da sentença condenatória.

---

[94] MÜLLER, Friedrich. *Métodos de trabalho do Direito Constitucional*. 3. ed. Rio de Janeiro: Renovar, 2005, p. 37.

[95] *Ibidem*, p. 53.

[96] *Ibidem*, p. 60.

Nessa perspectiva, o Tribunal Regional Federal da 4º Região não pode se recusar a encaminhar os recursos interpostos às instâncias superiores. Isso porque a matéria cuida de negativa de vigência do CPP e da própria Constituição. Decerto, o que se discute como tema central é matéria que tangencia o campo da inconstitucionalidade por afronta à lei e à Constituição.

É certo que a sentença, enquanto passível de recursos, não pode ter a pena dela decorrente executada. Nessa espera ainda não se deu o exaurimento da cognição e, por isso, não há falar em entrega de prestação jurisdicional. De maneira que o acórdão dela resultante configura inconstitucional e, em consequência, nulo, porquanto despido de fundamentação adequada. E sua nulidade *incidenter tantum* pode ser decretada em sede de *habeas corpus*.

O fato objetivo concreto, objetivo e inquestionável é que não há título legítimo para execução da pena em segunda em razão de violação legal e constitucional. E ainda nesse diapasão o tribunal questionado produziu acórdão desfundamentado. O uso da teoria do domínio do fato resultou equívoca, conforme consulta Claus Roxin, um dos seus mentores.

Vejam-se, portanto, os dispositivos que foram violados, a fim de que melhor se ilustre o pensamento aqui desenvolvido. Por esse aspecto, abre-se a perspectiva do equacionamento fático-jurídico da matéria. Eis, portanto, como a matéria está disciplinada na Constituição da República e no Código de Processo Penal:

Artigo 5º
LVII – Ninguém será culpado até o trânsito em julgado de sentença penal condenatória.

LXI – Ninguém será preso *senão em flagrante delito ou por ordem escrita e fundamentada de autoridade judiciária competente,* salvo nos casos de transgressão militar ou crime propriamente militar, definidos em lei.

Artigo 283
Ninguém poderá ser preso senão em flagrante delito ou por ordem escrita e fundamentada da autoridade judiciária competente, em decorrência de *sentença condenatória transitada em julgado* ou, no curso da investigação ou do processo, em virtude de prisão temporária ou prisão preventiva.[97]

---

[97] STRECK, Lenio Luiz. E se a opinião pública fosse contra a prisão após segunda instância? *Consultor Jurídico,* 8 mar. 2018. Disponível em: <https://www.conjur.com.br/2018-mar-08/senso-incomum-opiniao-publica-fosse-prisao-segunda-instancia>. Acesso em: 27 mar. 2018.

Disso resulta claro que a interpretação e a aplicação da espécie tecida no âmbito processual não contemplam a legalidade plena. E que, além dos princípios arrolados, não atendem aos ditames do devido processo legal, em razão de não ter possibilitado o exercício da ampla defesa e a observância da instrução contraditória ao negar peremptoriamente todos os pedidos de defesa.

7.4 *Habeas corpus*

A resolução judiciária da sentença que fundamenta seu conteúdo substantivo em verbete sumular dilui seus efeitos jurídicos, determinando a sua irremediável nulidade. Esse panorama perceptivo dentro de uma análise lógica decorre do fato de que o desfecho do caso não logrou alcançar a justa composição da controvérsia. Não há, em consequência, como se percebe, a concretude das relações jurídicas suscitada pela lide para desfazer essa trama, o que implica deixar o investigado em situação de perigo, com ameaças explícitas de prisão imediata. Isto é, em segunda instância os recursos às vezes são ineptos, devido à natural demora de serem processados. Talvez o único instrumento eficaz para coibir a ameaça ao direito de locomoção seja o *habeas corpus*, que, no caso vertente, poderia ter sido logo processado e julgado pelo Supremo Tribunal Federal.

Se couber ao MPF a incumbência de fiscal da lei, ao admitir a violação do princípio da presunção de inocência a sua procuradora-geral labora em equívoco, porque defendeu o contrário, o que é uma impropriedade.

Quanto ao não cabimento do *habeas corpus*, Edson Fachin, juiz da Suprema Corte, como era natural, foi vencido em sua proposição insustentável pela falta de lógica jurídica, fazendo os debates se prolongarem. Pois é patente a desconectividade entre a execução da pena em segunda instância e o ordenamento jurídico que disciplina a matéria de maneira diversa. Trata-se de um ponto de vista fora do contexto interpretativo, já que configura um retrocesso do processo penal contemporâneo, na medida em que encarna a cultura do encarceramento.

Por oportuno, o STF incorreu em erro de percepção ao não pautar o tema central da questão em debate entre os atores da cena jurídica: execução da pena em segunda instância. Nesse aspecto, a decisão de colocar o *habeas corpus* do ex-presidente Lula e denegar a ordem precipitou a prisão do paciente. Deixou outra vez de uniformizar o procedimento no Judiciário, ainda inseguro com relação ao assunto.

Por conseguinte, a natureza subjetiva do *habeas corpus* não constitui fato impeditivo capaz de não permitir o seu exame de mérito. A espécie permitia determinar, de forma incidental, a inconstitucionalidade da famigerada antecipação da pena, através de declaração, posto que resolveria de modo definitivo a questão de fundo.

Urge, portanto, que sejam colocadas na pauta as ações declaratórias de constitucionalidade. Desse modo, a prisão de Lula não tem qualquer validade jurídica, porque calcada em condenação que não passou em julgado. Como se vê, o procedimento contrariou o art. 5º da Constituição Federal e o art. 283 do Código de Processo Penal.

O segundo grau de jurisdição atua como um órgão colegiado tanto quanto os outros que compõem o Poder Judiciário, até porque esse aspecto deve ser analisado pelo Tribunal Superior Eleitoral, que não pode negar o registro do candidato, ainda não considerado culpado. Daí a impossibilidade de seu enquadramento na Lei da Ficha Limpa.

De fato não pode, pois, ser considerado inelegível quem ainda não esgotou todas as instâncias previstas na Constituição. Porque o acórdão de segunda instância não tem esse condão. Isso somente será possível após o trânsito em julgado da sentença penal condenatória, até porque o sistema jurídico brasileiro não se compõe apenas de um órgão colegiado de segunda instância. Há, como é sabido, mais duas jurisdições superiores.

Por outro lado, não é da natureza da mutação constitucional a constitutividade, não sendo, portanto, substitutiva do Poder Constituinte para, através da interpretação, dar sentido diverso a um princípio consagrado pela Constituição. Nisso há uma inversão no trato da inocência presumida visando incorporar no ordenamento jurídico, subrepticialmente, o princípio despótico da presunção de culpabilidade a fim de instalar o reino da processualística da exceção, voltado para a desconstrução do ideário democrático republicano.

REFERÊNCIAS

ABRÃO, Carlos Henrique. Decisão do STF sobre prisão em segundo grau é mero justa guinada. *Consultor Jurídico*, 22 fev. 2016. Disponível em: <https://www.conjur.com.br/2016-fev-22/carlos-abrao-decisao-stf-prisao-grau-justa-guinada>. Acesso em: 22 fev. 2016.

ALBUQUERQUE, Ana Luiza. Aos 4 anos, Lava Jato vê fim da prisão em 2ª instância como maior ameaça. *Folha de S.Paulo*, 16 mar. 2018. Disponível em: <http://www1.folha.uol.com.br/poder/2018/03/aos.4.anos.lava.jato-ve-fim.da.prisão>. Acesso em: 18 mar. 2018.

BARBOSA Rui. *Pensamento e ação de Rui Barbosa*. Brasília: Senado Federal, 1999.

BATISTA, Nilo. Advocacia em tempos sombrios. *In*: MARTINS, Cristiano Teixeira Zanin; MARTINS, Valeska Teixeira Zanin; VALIM, Rafael (Coord.). *O caso Lula*: e a luta pela afirmação dos direitos fundamentais no Brasil. São Paulo: Contracorrente, 2017.

BECCARIA, Cesare. *De los delitos y de las penas*. 2. ed. Bogotá: Themis, 1990.

BELTRAN, Jordi Ferrer. *Prueba y verdad en el derecho*. 2. ed. Madri: Marcila Pons, 2005.

BRASIL. Constituição Federal (1988). *Constituição da República Federativa do Brasil*, 1988. Brasília: Senado Federal, Centro Gráfico, 1988.

BRASIL. *Lei Complementar nº 135*, de 4 de junho de 2010. Altera a Lei Complementar nº 64, de 18 de maio de 1990, que estabelece, de acordo com o §9º do art. 14 da Constituição Federal, casos de inelegibilidade, prazos de cessação e determina outras providências, para incluir hipóteses de inelegibilidade que visam a proteger a probidade administrativa e a moralidade no exercício do mandato. Brasília, 4 jun. 2010. Disponível em: <http://www.planalto.gov.br/ccivil_03/leis/lcp/lcp135.htm>. Acesso em: 22 dez. 2017.

CALLEGARI, André Luís. De fato estamos sem rumo na aplicação do Direito Penal. *Consultor Jurídico*, 29 jan. 2018. Disponível em: <https://www.conjur.com.br/2018-jan-29/andre-callegari-estamos-rumo-aplicacao-direito-penal>. Acesso em: 7 fev. 2018.

CARDOZO, Benjamin N. *A natureza do processo judicial*. São Paulo. Martins Fontes, 2004.

CASTRO, Antônio Carlos de Almeida. A operação "lava jato" e o posto Ipiranga. *Consultor Jurídico*, 26 jan. 2018. Disponível em: <https://www.conjur.com.br/2018-jan-26/kakay-operacao-lava-jato-posto-ipiranga>. Acesso em: 26 jan. 2018.

COSTA, José de Faria. *Beccaria e o Direito Penal*. Coimbra: Coimbra Editora, 2017.

CRETELLA NETO, José. *Dicionário de Processo Civil*. Rio de Janeiro: Forense, 1999.

DECLARAÇÃO Universal dos Direitos Humanos. 1948. Disponível em: <http://www.ohchr.org/EN/UDHR/Documents/UDHR_Translations/por.pdf>. Acesso em: 3 abr. 2018.

DELFIM NETTO, Antônio. O Brasil funciona mal. *CartaCapital*, São Paulo, 7 mar. 2018.

DERRIDA, Jacques. *Força da lei*. São Paulo: Martins Fontes, 2007.

DINO, Flávio. Flávio Dino: penas iguais indicam "acerto prévio" no TRF4 contra Lula. *CartaCapital*, 25 jan. 2018. Entrevista concedida a Miguel Martins. Disponível em: <https://www.cartacapital.com.br/politica/flavio-dino-penas-iguais-indicam-acerto-previo-no-trf4-contra-lula>. Acesso em: 6 fev. 2018.

DIREITO de defesa está sendo sufocado, afirmam advogados em carta internacional. *Consultor Jurídico*, 29 dez. 2017. Disponível em: <https://www.conjur.com.br/2017-dez-29/direito-defesa-sendo-sufocado-afirmam-advogados-carta>. Acesso em: 29 dez. 2017.

ELY, John Hart. *Democracia e desconfiança*: uma teoria do controle de constitucionalidade. São Paulo: WWF Martins Fontes, 2010.

EM PESQUISA, maioria afirma ser contra prisão após segunda instância. *Consultor Jurídico*, 2 mar. 2018. Disponível em: <https://www.conjur.com.br/2018-mar-02/moro-julga-lula-rigor-outros-politicos-pesquisa>. Acesso em: 2 mar. 2018.

FARALLI, Carla. *Filosofia contemporânea do direito*. São Paulo: Martins Fontes, 2006.

FERRAJOLI, Luigi. É clara a parcialidade no julgamento de Lula. *CartaCapital*, São Paulo, 18 jan. 2018. Disponível em: <https://www.cartacapital.com.br/politica/luigi-ferrajoli-e-clara-a-parcialidade-no-julgamento-de-lula>. Acesso em: 30 jan. 2018.

FERRAJOLI, Luigi. Existem, no Brasil, garantias do devido processo legal? *CartaCapital*, São Paulo, nº 979, 16 nov. 2017. Disponível em: <https://www.cartacapital.com.br/revista/979/existem-no-brasil-garantias-do-devido-processo-legal>. Acesso em: 22 nov. 2017.

FERREIRA, Frederico Rocha. Na condenação de Lula, uma "dúvida além do razoável" paira no ar. *CartaCapital*, São Paulo, 6 fev. 2018. Disponível em: <https://www.cartacapital.com.br/blogs/blog-do-socio/na-condenacao-de-lula-uma-201cduvida-alem-do-razoavel201d-paira-no-ar>. Acesso em: 21 fev. 2018.

FILGUEIRA, Ary; LAGO, Rudolfo. A manobra do PT no STF para tentar salvar Lula. *Isto É*, São Paulo, nº 2515, 7 mar. 2011.

GALLI, Marcelo. Juiz de Mato Grosso avisa ao MP: Judiciário não serve para fazer perseguição política. *Consultor Jurídico*, 9 fev. 2018. Disponível em: <https://www.conjur.com.br/2018-fev-09/juiz-avisa-mp-judiciario-nao-serve-perseguicao-politica>. Acesso em: 9 fev. 2018.

GIMENES, José Jácomo. Prisão após condenação de segunda instância não fere Constituição. *Consultor Jurídico*, 24 fev. 2018. Disponível em: <https://www.conjur.com.br/2018-fev-24/jose-jacomo-prisao-segunda-instancia-nao-fere-constituicao>. Acesso em: 24 fev. 2018.

HUNGRIA, Nélson; DOTTI, René Ariel. *Comentários ao Código Penal*: Dec.-Lei nº 2.848, de 7 de dezembro de 1940. Lei nº 7.209, de 11 de julho de 1984. 6. ed. Rio de Janeiro: LMJ, 2014.

JURISTA britânico critica procedimentos de julgamento de Lula no TRF4. *Correio do Povo*, 24 jan. 2018. Disponível em: <http://www.correiodopovo.com.br/Noticias/Politica/2018/1/640639/Jurista-britanico-critica-procedimentos-de-julgamento-de-Lula-no-TRF4>. Acesso em: 10 mar. 2018.

JUSTO, A. Santos. *Nótulas da história do pensamento jurídico*: história do direito. Coimbra: Coimbra Editora, 2005.

LUCHETE, Felipe. Ex-candidata a PGR, Ela Wiecko diz que "lava jato" passou dos limites. *Consultor Jurídico*, 31 ago. 2017. Disponível em: <https://www.conjur.com.br/2017-ago-31/ex-candidata-pgr-ela-wiecko-lava-jato-passou-limites>. Acesso em: 3 set. 2017.

REFERÊNCIAS | 109

MACHADO, Marta Rodriguez de Assis. A irrelevância do direito. *Le Monde Diplomatique Brasil*, 3 out. 2016. Disponível em: <https://diplomatique.org.br/a-irrelevancia-do-direito/>. Acesso em: 25 out. 2017.

MACHADO, Nélio. "Um dia pedirão desculpas pelas delações, como fizeram por apoiar a ditadura". *Consultor Jurídico*, 24 set. 2017. Entrevista concedida a Sérgio Rodas. Disponível em: <https://www.conjur.com.br/2017-set-24/entrevista-nelio-machado-advogado-criminalista>. Acesso em: 10 mar. 2018.

MAIER, Julio. Parecer jurídico. 28 ago. 2017. *In*: TEIXEIRA, Matheus. Jurista argentino classifica condenação de Moro a Lula como "ilegítima". *Consultor Jurídico*, 14 out. 2017. Disponível em: <https://www.conjur.com.br/2017-out-14/jurista-argentino-classifica-condenacao-lula-ilegitima>. Acesso em: 15 out. 2017.

MARQUES, Pedro Garcia. *O segredo da justiça*. Lisboa: Universidade Católica, 2016.

MARTINES, Fernando. Emissora de TV pagará R$ 200 mil por dar a entender que réu era culpado. *Consultor Jurídico*, 4 mar. 2018. Disponível em: <https://www.conjur.com.br/2018-mar-04/emissora-tv-pagara-200-mil-apontar-reu-culpado?utm_source=dlvr.it&utm_medium=facebook>. Acesso em: 4 mar. 2018.

MARTINS, Cristiano Teixeira Zanin; MARTINS, Valeska Teixeira Zanin; VALIM, Rafael (Coord.). *O caso Lula*: e a luta pela afirmação dos direitos fundamentais no Brasil. São Paulo: Contracorrente, 2017.

MELLO, Celso de. Prisão antecipada não é obrigatória e exige fundamentação. *Consultor Jurídico*, 29 ago. 2017. Disponível em: <https://www.conjur.com.br/2017-ago-29/prisao-antecipada-nao-obrigatoria-exige-fundamentacao-celso>. Acesso em: 30 jan. 2018.

MOURA, José Souto de. A questão da presunção de inocência do arguído. *Revista do Ministério Público*, Lisboa, ano 11, nº 42, 1990.

MÜLLER, Friedrich. *Métodos de trabalho do Direito Constitucional*. 3. ed. Rio de Janeiro: Renovar, 2005.

NÃO há qualquer hipótese do impeachment ser golpe, diz leitor. *Folha de S.Paulo*, 10 set. 2016. Disponível em: <http://www1.folha.uol.com.br/paineldoleitor/2016/09/1811988-nao-ha-qualquer-hipotese-do-impeachment-ser-golpe-diz-leitor.shtml>. Acesso em: 10 set. 2016.

NASCIMENTO, Carlos Valder do. *A Lei da Ficha Limpa*. Ilhéus, BA: Editus, 2014. (Estudo de Direito Público; 2).

OLIVEIRA, Siro Darlan de. As palavras de Francisco em momento de barbárie após decisão do Supremo. *Consultor Jurídico*, 20 fev. 2016. Disponível em: <https://www.conjur.com.br/2016-fev-20/siro-darlan-palavras-francisco-contraste-supremo>. Acesso em: 20 fev. 2016.

PATRÍCIO, Rui. *O princípio da presunção de inocência do arguido na fase do julgamento no actual processo penal português*. Lisboa: Associação Acadêmica da Faculdade de Direito de Lisboa, 2000.

PRADO, Geraldo. Opinião jurídica. 12 mar. 2018. Disponível em: <https://www.conjur.com.br/dl/stf-pacificar-entendimento-lula-preso.pdf>. Acesso em: 19 mar. 2018.

POSNER, Richard A. *Fronteiras da Teoria do Direito*. São Paulo: WMF Martins Fontes, 2011.

QUEIROZ, Cristina. *O princípio da não reversibilidade dos direitos fundamentais sociais*: princípios dogmáticos e prática jurisprudencial. Coimbra: Coimbra Editora, 2006.

RIBEIRO, Bruno Salles Pereira. Judiciário é incapaz de ver suas incongruências e sua cultura punitiva. *Consultor Jurídico*, 17 fev. 2018. Disponível em: <https://www.conjur.com.br/2018-fev-17/bruno-salles-judiciario-incapaz-ver-incongruencias>. Acesso em: 17 fev. 2018.

RODAS, Sérgio. Maior jurista da URSS, Pachukanis criticava alienação de Kelsen e previa fim do Direito. *Consultor Jurídico*, 7 nov. 2017. Disponível em: <https://www.conjur.com.br/2017-nov-07/jurista-urss-criticava-alienacao-kelsen-previa-fim-direito>. Acesso em: 7 nov. 2017.

ROXIN, Claus. *Autoría y domínio del hecho en derecho penal*. Madri: Marcial Pons, 2000.

ROXIN, Claus. Teoria do domínio do fato é usada de forma errada. *Consultor Jurídico*, 11 nov. 2012. Disponível em: <https://www.conjur.com.br/2012-nov-11/claus-roxin-teoria-dominio-fato-usada-forma-errada-stf>. Acesso em: 6 fev. 2018.

SARAIVA, José Hermano. *O que é o Direito?* A crise do direito e outros estudos jurídicos. Lisboa: Gradiva, 2009.

SILVA, Douglas Rodrigues da. Entenda, de uma vez por todas, o que é a Teoria do Domínio do Fato. *Canal Ciências Criminais*, 9 nov. 2016. Disponível em: <https://canalcienciascriminais.com.br/teoria-do-dominio-do-fato/>. Acesso em: 10 fev. 2018.

SUPERIOR TRIBUNAL DE JUSTIÇA. *Habeas Corpus* nº 279.063-SP (2013/0338354-6). Rel. Min. Rogerio Schietti Cruz. Brasília, 25 set. 2013.

SUPERIOR TRIBUNAL DE JUSTIÇA. Recurso Especial nº 12586-SP. Rel. Min. Waldemar Zveiter. 8 out. 1991. *Diário da Justiça*, 4 nov. 1991.

SUPREMO TRIBUNAL FEDERAL. *Habeas Corpus* nº 126292-SP. Rel. Min. Marco Aurélio. Brasília, 17 fev. 2016.

STRECK, Lenio Luiz. E se a opinião pública fosse contra a prisão após segunda instância? *Consultor Jurídico*, 8 mar. 2018. Disponível em: <https://www.conjur.com.br/2018-mar-08/senso-incomum-opiniao-publica-fosse-prisao-segunda-instancia>. Acesso em: 27 mar. 2018.

STRECK, Lenio Luiz; LIMA, Martonio Mont'Alverne Barreto; CATTONI, Marcelo. O que é isto "o novo que pede passagem" do TRF4 e Joaquim Falcão? *Consultor Jurídico*, 26 jan. 2018. Disponível em: <https://www.conjur.com.br/2018-jan-26/opiniao-isto-passagem-trf-falcao>. Acesso em: 26 jan. 2018.

TAMER JUNIOR, Paulo Estevão. Ideologização da Justiça facilita afronta a direitos humanos. *Consultor Jurídico*, 8 out. 2017. Disponível em: <https://www.conjur.com.br/2017-out-08/paulo-tamer-ideologizacao-Justica-facilita-afronta-direitos>. Acesso em: 8 out. 2017.

TELLES JUNIOR, Goffredo. *A Constituição, a Assembleia Constituinte e o Congresso Nacional*. São Paulo: Saraiva, 2014.

TORRES, Antonio Maria M. Pinheiro. *O valor da justiça*. Coimbra: Coimbra Editora, 2014.

TRIBUNAL CONSTITUCIONAL DE PORTUGAL. 2ª Seção. Acórdão nº 172/92, de 6 de maio de 1993. *Boletim do Ministério da Justiça*, nº 427, 1993.

VIGO, Rodolfo L. (Coord.). *La injustiça extrema no Derecho*. México: Fontamara, 2008.

VILELA, Alexandra. *Considerações acerca da presunção de inocência em Direito Processual Penal*. Coimbra: Coimbra Editora, 2005.

VILLEY, Michel. *O direito e os direitos humanos*. São Paulo: WMF Martins Fontes, 2007.

VIVEMOS um retrocesso mundial dos direitos humanos, afirma Eugenio Zaffaroni. *Consultor Jurídico*, 7 nov. 2017. Disponível em: <https://www.conjur.com.br/2017-nov-07/vivemos-retrocesso-mundial-direitos-humanos-zaffaroni>. Acesso em: 7 nov. 2017.

WELZEL, Hans. *Estúdios de Filosofia del Derecho y Derecho Penal*. Buenos Aires: Euros, 2006.

YAROCHEWSKY, Leonardo Isaac. À margem do Estado Constitucional não há direito e muito menos democracia. *Consultor Jurídico*, 30 jan. 2018. Disponível em: <https://www.conjur.com.br/2018-jan-30/yarochewsky-margem-estado-constitucional-nao-direito>. Acesso em: 7 fev. 2018.

Esta obra foi composta em fonte Palatino Linotype, corpo 10
e impressa em papel Offset 75g (miolo) e Supremo 250g (capa)
pela Laser Plus Gráfica, em Belo Horizonte/MG.